8° R
27724

JEANNE DE VIETINGHOFF

L'INTELLIGENCE DU BIEN

PARIS

LIBRAIRIE FISCHBACHER

Société Anonyme

33, RUE DE SEINE, 33

——

1915

Tous droits réservés.

L'INTELLIGENCE DU BIEN

8'R

27.724

LIBRAIRIE FISCHBACHER, 33, rue de Seine — PARIS

DU MÊME AUTEUR

IMPRESSIONS D'AME, 1 vol. in-12, 1909 (*Épuisé*).
LA LIBERTÉ INTÉRIEURE, 3e édit., 1 vol. in-12. 3 fr. 50

JEANNE DE VIETINGHOFF

L'INTELLIGENCE DU BIEN

BIBLIOTHÈQUE NATIONALE R.F.

PARIS

LIBRAIRIE FISCHBACHER

Société Anonyme

33, RUE DE SEINE, 33

1915

Tous droits réservés.

Les bandeaux formant les titres de chapitres de ce volume sont reproduits d'après les dessins de la Baronne Bénita de Feilitzsch, née de Wolff.

PRÉFACE

Ceux qui voudront chercher dans ces pages une philosophie ou une religion seront forcément déçus ; je n'ai voulu ni construire un système, ni imposer une direction, mais simplement voir par moi-même la vérité du moment et dire ce que j'ai vu, dans le seul désir d'être vrai.

Je respecte l'expérience de chacun. La vérité doit être différente pour tous. La vérité est le mouvement, un mouvement individuel.

J'ai intitulé ce volume L'Intelligence du Bien, c'est qu'en effet sans intelligence la sincérité et la bonté ne suffisent pas à nous

faire discerner ce qui est juste. J'entends
par intelligence la sagesse de l'âme que
seule l'expérience de la vie et l'initiation
au divin nous enseignent.

Vous ne pouvez être par-
faits selon la loi, les nécessités
de la vie s'y opposent. Vous
ne pouvez devenir parfaits
qu'en esprit et en vérité.

LE BIEN

LE BIEN

———

La végétation s'étendait opulente et dia-
prée, le long des torrents, sur les plaines et
jusqu'aux cimes des monts, mêlant ses
effluves printanières aux bruissements des
insectes, aux chants des oiseaux ; et la nature, souriante, satisfaite, baignée de lumière, s'épanouissait indéfiniment sous la
chaleur du ciel... La source du bien som-
meillait mystérieuse sous les frais ombrages
de cette nature virginale ; elle était l'âme
vivifiante qui donnait aux forêts leur parfum,
leur sourire aux fleurettes des champs.

L'homme faisait partie de la création, il était heureux du bonheur des fleurs et des oiseaux, tout l'enchantait : la vigueur de son corps, la douceur de son lit de mousse, le rayonnement du jour, l'étendue verdoyante des plaines. Il était en accord avec la nature ; il n'accomplissait pas le bien, il se reposait dans le bien universel, comme l'enfant se repose au foyer d'une famille vertueuse dont il accepte d'avance les ordres et les habitudes, persuadé que rien ne peut exister au delà de ce petit monde dont il est issu, et auquel il tient, par toutes les fibres de son être.

Mais l'esprit exige autre chose que la paix inconsciente.

Au jour marqué pour son évolution, l'humble source du bien jaillit ; troublant la calme assurance du monde satisfait elle fit trembler le cœur de l'homme, qui, pour la première fois, sentit s'ouvrir en lui les abîmes du vouloir.

Ce ne fut qu'un éclair, mais il effaça à jamais de son front la quiétude tranquille des jours heureux.

Une force nouvelle s'était emparée de lui ; à mesure qu'elle grandissait, elle l'obligeait à se détacher de sa mère, la nature, à choisir son sentier, à lutter, à souffrir..... à être !

Désormais l'alouette eut beau lui chanter son cantique matinal et le soleil dorer sa retraite, l'homme ne vit plus l'alouette ni le soleil : un doute avait pénétré dans son cœur, le doute qu'inspire, à l'égard d'un état primitif, la découverte d'un état supérieur. Il existe donc autre chose que ce qu'il avait connu jusqu'ici ?... Mystérieux passage de l'inconscience à la conscience ! Ce doute allait engendrer un désir : connaître ce qui le dépasse ; puis ce désir lui imposer une action. Créature libre d'agir par soi-même, l'homme a découvert qu'il possède seul au milieu de la nature inconsciente le pouvoir de développer ou de défigurer le bien préexistant. Cette action devait provoquer une rupture, une faute : la désobéissance à l'ordre établi.

L'homme est arrivé à la réalisation du moi, de la personnalité qui le distingue de tout ce qui l'entoure. C'est un moi à l'état brut, inculte, la force de l'égoïsme naturel qui sait dire : « Je veux », mais non encore discerner ce qu'il veut, ni pourquoi il le veut.

Mais il suffit de vouloir pour faire infraction à la règle. C'est le premier pas vers le désordre, le déchirement, la mort, mais aussi vers le triomphe et la royauté. « Celui qui n'a pas vécu pleinement, ne peut non plus ni mourir, ni renaître pleinement ».

La première manifestation du réveil de l'âme se traduit par un désir de vérité. L'homme conscient de sa vocation veut devenir parfait. Pour réaliser cet idéal, il possède un moyen : l'effort; un guide : la loi. Il s'efforcera donc de connaître cette loi, de l'accomplir ensuite dans toute sa rigueur. C'est l'école de la volonté où toutes les énergies de l'être se mettent en œuvre, pour dompter les instincts, soi-disant fâcheux, et pour produire les vertus réglementaires.

Ce formidable travail achevé, l'homme est arrivé enfin à faire de sa vie un modèle accompli. Mais, ô mystère! son cœur n'en est guère plus satisfait, car sous le poids artificiel d'une activité voulue, le bien naturel et instinctif qui se trouvait en lui s'est étiolé et dépérit.

L'effort de l'obéissance a fait grandir sa

force, la déception que lui a valu l'expérience du bien conventionnel le détourne de la morale courante. Meurtri, désabusé, il ne veut plus suivre une loi illusoire ; il veut être, et chercher la vérité qui lui est propre. Aventure périlleuse où il s'égarera peut-être, où il subira sans doute de sérieux dommages, et où il encourra inévitablement la désapprobation du monde.

L'esprit exige autre chose que l'ordre établi :

L'infraction à la règle est nécessaire, elle est une conséquence de l'affirmation de la vie personnelle; souvent elle est une faute, elle est toujours une douleur.

La première affirmation de la vie personnelle, qui nous oblige à penser et à être nous-mêmes, est presque toujours considérée comme une faute, parce qu'elle lèse l'ordre établi. Mais elle n'en reste pas moins une faute nécessaire, sans laquelle aucun progrès ne serait possible. Il est des vertus qui ne peuvent naître que de l'erreur, des richesses que l'on n'obtient qu'au prix d'une perte momentanée. L'infraction à la règle

est la conséquence et la condition de la naissance de l'esprit. En effet, toute idée nouvelle est une infraction aux idées anciennes ;
le réveil de demain une infraction au sommeil d'aujourd'hui. Aussi longtemps que
l'homme évoluera, c'est-à-dire qu'il se déta-
chera du chaos, pour s'exprimer en une
forme plus pure, il brisera quelque chose.
En brisant il désobéit, en brisant il crée.

« Il faut que le scandale arrive », a dit
Jésus. Sans le scandale l'homme serait resté
à l'état de vie végétative. « Malheur à celui
par qui le scandale arrive ! » La souffrance
en est la conséquence inévitable.

Chez les natures pures et très rares comme
celle de Jésus, l'émancipation de la pensée
personnelle se justifie par la force de l'âme
qui l'a produite : passage naturel d'un ordre
primitif à un ordre supérieur. Mais s'il n'y
a pas eu faute au point de vue de l'âme, il n'en
est pas de même aux yeux des hommes. Ils
furent nombreux sans doute, ceux qui repro-
chèrent à Jésus enfant l'oubli qu'il commit
à l'égard de Marie et de Joseph, en s'attar-
dant au temple pour « s'occuper des affaires
de son Père ».

Dans son indifférence, l'égoïsme naturel

viole la loi par besoin de jouissance; l'égoïsme sanctifié la viole par nécessité et se
résigne à blesser, s'il le faut, pour créer la
vie supérieure qui lui est assignée.

Pure ou impure, l'âme doit accepter son
calvaire. C'est au moment où elle pressent
son but final qu'elle assume la responsabilité et l'horreur des conséquences de son vouloir, et qu'elle encourt jusqu'à sa propre condamnation.

%

Nous ne savons pas toujours pourquoi nous
agissons; il arrive même qu'un instinct secret
nous avertit très distinctement des souffrances que nos actes entraîneront pour nous.
Nous agissons néanmoins et avec pleine con-
viction, parce qu'une force irrésistible nous
pousse, malgré nous, vers l'accomplissement
de notre suprême destin.

%

L'infraction qui nous est imposée par la
voix du devenir, peut se présenter à nous
sous des formes diverses : faute contre les
conventions sociales, émancipation de l'autorité paternelle, affranchissement de la morale
courante ; différentes pour chacun, ces in-

fractions sont nécessaires pour tous, sitôt
qu'elles mettent obstacle au nouveau devenir.

L'existence du mal, dans le monde, est sans
doute indispensable à l'éclosion du bien.
Chez l'individu, la mise au jour des imper-
fections morales, sous la forme de fautes,
est préférable à leur dissimulation; le contrôle conventionnel et factice n'a jamais produit qu'une vertu d'apparence.

Une faute qui nous réveille, est préférable
à une vertu qui nous endort.

Il est du reste impossible d'avancer sans
errer ; un enfant trop sévèrement tenu ne se
développe guère ; une personne qui, sous prétexte de devoirs religieux ou sociaux, se
retire du contact de la vie n'aura jamais
qu'une vertu d'emprunt : elle possède la théo-
rie de la vertu, elle en ignorera toujours
la pratique. Sa vie exempte de fautes, est
l'expression d'une âme sans valeur.

Le sculpteur qui taille le marbre, pour en
dégager la forme de son idée, éparpille nécessairement autour de lui mille éclats de
pierres. Les erreurs de notre vie consciente,
au milieu desquelles s'élabore notre être spirituel, sont semblables à ces débris accumulés
autour d'un chef-d'œuvre.

S'appliquer uniquement à la correction de
sa vie, c'est agir comme un sculpteur qui
craindrait de s'attaquer au marbre, de peur
de déranger l'ordre de son atelier.

Dans le domaine spirituel, comme dans le
domaine matériel, il faut oser pour réussir :
oser voir, oser croire, aimer, douter, souffrir,
oser être. « Le royaume des cieux appartient
aux violents. » Il faut oser, même au risque
de se tromper. Quitte à constater ensuite ses
erreurs et à les expier.

Dès qu'il porte atteinte à la sincérité, l'ami
de l'ordre extérieur devient l'ennemi du bien
individuel.

Une faute n'est pas toujours une chute ;
lorsqu'elle procède d'une âme sincère en quête
de vie véritable, elle est parfois une cause
d'élévation. Elle ne devient nuisible au progrès de l'âme que du jour où elle diminue
l'intensité de sa vie et ternit la pureté de ses
aspirations. Cette déchéance est-elle possible
pour les âmes vraiment nobles ? Leur valeur,
accumulée sans doute au cours de plusieurs
vies de lutte, n'aura-t-elle pas toujours
raison des erreurs momentanées ? L'instrument perd-il de sa valeur, lorsque, sous une
main malhabile, il donne un son discordant ?

L'âme doit-elle forcément déchoir quand
la conscience dévie? Nous ne pouvons perdre
que ce qui n'est pas véritablement à nous,
bien des vertus par exemple, parmi celles
dont nous sommes le plus fiers. Un être
arrivé à l'âge adulte peut-il retourner à l'enfance ? Ceux qui ont possédé la vérité ne
sauraient l'oublier sans se renier eux-mêmes.
La vertu vraiment nôtre ne dépend plus de
nous, elle fait partie de nous.

« Laissez croître l'ivraie avec le bon grain. »
Bonnes et mauvaises, il faut que les semences germent et grandissent ensemble,
afin que nous puissions les distinguer et les
séparer les unes des autres.

Penchant au mal, aspiration au bien ; le
secret de la victoire réside dans l'augmenta-
tion de la force vitale.

*L'infraction à la règle est toujours une
douleur.*

L'homme fut la cause du mal, il en est aussi
la victime ; le jour viendra où il en sera le
maître.

Notre fidélité aux impulsions de la vie
nouvelle entraînera la souffrance : elle nous

expose à l'erreur, en nous plaçant, inexpérimentés encore, devant mille possibilités ; elle nous mène dans la solitude, tout appel à la vie étant taxé de révolte contre la routine morale et religieuse ; et surtout elle exige un sacrifice continuel.

Le vrai ne s'obtient pas à vil prix. Dès qu'une âme aspire à se réaliser dans sa véritable essence, il faut qu'elle accepte d'être dépouillée et vaincue. A travers cette défaite, l'homme spirituel se dégage et se fraye un passage vers un avenir agrandi, une destinée plus virile.

La naissance de l'esprit qui nous contraint à sortir de l'engourdissement de la matière pour entrer dans la lutte, travail de l'âme, est une des plus grandes souffrances que nous puissions éprouver.

Notre nature primitive se contente de biens visibles, mais à peine l'esprit nous a-t-il dévoilé le monde des biens invisibles que nos aspirations s'élèvent ; plus elles grandissent, moins elles peuvent être rassasiées.

La disproportion qui existe entre nos désirs de plus en plus vastes et nos ressources limitées, exige de nous un perpétuel sacrifice et finit par briser en nous le moi inférieur : l'égoïsme.

L'âme, à son réveil, se trouve en présence
de trois possibilités : abdiquer son idéal, se
résignant ainsi à la médiocrité courante ; se
faire un idéal factice en fermant les yeux à la
réalité ; ou courir le risque d'être broyée en
restant fidèle à elle-même et clairvoyante
vis-à-vis du monde. Le cœur vraiment pur
semble seul capable d'affronter cette cruelle
contradiction, non par goût ou par esprit de
devoir, mais parce que sa nature l'oblige à
préférer la mort à la perte de son idéal.

Le choc meurtrier des plus nobles sentiments contre la réalité brutale est la suprême
injustice, car il est le châtiment du bien.
Ce n'est qu'au prix de cette longue mort
d'inanition que l'esprit peut triompher,
comme la fleur qui éclôt par le déchirement
de sa gaine.

Dans le monde matériel, il est possible de
jouir de biens mal acquis ; dans le monde
invisible, il n'est pas de fortune gratuite.
Nous y vivons de notre travail, nous nous y
enrichissons de nos sacrifices : l'âme se remplit de lumière, de force, de grandeur, en
proportion de la profondeur que la souffrance
y a creusée.

Cette douleur est utile.

« Le cœur pur voit Dieu », Dieu lui dictant sa pensée, il n'a plus besoin de consulter les hommes, ni de s'efforcer d'accomplir leurs lois. Il vit la vérité, il est le bien.

Le cœur se purifie, dans la mesure où il est sincère. Par la souffrance il se débarrasse de tout ce qu'il contient de trouble, de faux, de mélangé ; car la souffrance volontairement acceptée le dépouille de ce qui est imparfait, ne lui laissant que ses aspirations originelles.

Ce n'est pas en allant au fond de la douleur, mais en ayant le courage de demeurer dans ses profondeurs que l'âme acquiert sa vraie valeur.

Cette douleur n'est pas éternelle.

Nous nous sommes habitués à attacher l'idée du bonheur non pas au mouvement intérieur mais aux avantages extérieurs, et nous doutons de la justice du sort envers celui dont la beauté spirituelle fut la seule récompense.

Cependant, si la naissance de l'esprit nous garantit les biens invisibles, elle ne nous

frustre pas des biens de ce monde. Le sacrifice exigé par l'esprit n'est pas définitif, il
marque le passage d'un état inférieur à un
état supérieur dans lequel nos facultés trans-
formées nous permettent d'envisager les
choses sous un nouveau jour.

L'homme est né matière, il doit lutter
pour devenir esprit : quand l'esprit est
mûr, c'est-à-dire lorsqu'il a appris à gouverner, il rend à la nature ses droits et devient possesseur de toutes choses, car il a
vaincu le mal, cause de l'interdit. Il a le droit
désormais de jouir des biens dont il s'emparait
jadis, au mépris de ce droit; car ce n'est
plus par faiblesse qu'il le fait, ou par ignorance, mais c'est dans la plénitude réfléchie
de sa force. Il n'est plus un enfant qui obéit,
mais un maître qui commande.

Chez l'homme naturel, la vie du corps
étouffe la vie de l'âme; chez l'homme volonté,
la vie de l'âme éteint souvent la vie naturelle. Toutes les souffrances proviennent
de ce conflit; dans l'harmonie à venir, corps
et âme ne feront qu'un, ce qui les séparait,
à savoir le mal, sera vaincu.

L'homme régénéré est à la fois corps et âme, tout conflit ayant cessé, le corps n'est plus en scandale à l'esprit, ni l'esprit en opposition avec le corps, car le corps s'est laissé immoler par l'esprit, et l'esprit triomphant a ressuscité le corps agonisant. Mis en possession des droits spirituels, l'homme est pleinement autorisé à s'arroger les droits temporels.

L'esprit dit au corps : « Parce que tu as renoncé à tout, tu peux tout posséder ; par la mort, tu as acquis la dignité de vivre, je devais immoler tes désirs égoïstes qui n'avaient pas souffert ; aujourd'hui que tu es purifié par le renoncement, je me plais à combler tes aspirations légitimes ; tu entravais mon triomphe, aussi je t'ai chargé de chaînes, je t'ai réduit par la maladie, je t'ai soumis à d'inexorables lois, je t'ai interdit toutes les joies ; maintenant que tu es soumis, vois, je brise tes fers et je te fais participer à ma gloire, car j'ai besoin de toi, comme toi-même tu as besoin de moi. Ensemble nous réaliserons la parfaite harmonie du monde matériel et du monde spirituel, nous restaurerons le terrestre paradis.

La présence du bien reposant dans la
nature est le bonheur primitif ; le développement du bien est la rupture avec la nature,
donc la souffrance ; le fruit du bien est un
retour à la nature, à une nature cent fois
agrandie, c'est l'harmonie.

Cette harmonie se forme à notre insu par
le devenir du bien qui germait en nous, en
sorte que nous nous trouvons un jour posséder naturellement ce que nous avions
essayé de produire artificiellement par notre
obéissance aux lois extérieures. Aussi est-
ce vers ce seul devenir que va désormais
se tourner notre attention ; nos efforts seront consacrés à retrouver en nous la vie
enfantine, à la débarrasser de tous ses gestes dénaturés et à lui donner l'espace nécessaire, à sa croissance et à son développement. Car ici nous avons le devoir de
sacrifier et le droit d'enfreindre tout ce qui
met obstacle à l'éclosion de la vie nouvelle,
fût-ce l'aspiration la plus légitime ou la loi
la plus pure. L'ordre intime est impétueux,
et c'est de notre obéissance à cet ordre que
dépendra notre vie éternelle.

Le bien n'est pas un modèle accompli, mais une puissance en devenir. De tout temps, ses étapes progressives furent marquées par la venue des précurseurs qui, se détachant de la foule, s'avancèrent seuls au-devant des lueurs nouvelles. L'humanité fit alors un pas en avant.

De même, le bien dans le cœur de l'homme, ne peut suivre qu'une marche lente et presque imperceptible; notre esprit a beau concevoir l'idéal, notre volonté le poursuivre, pour le vivre nous devons attendre que notre âme éprouvée ait acquis une force, une grandeur, une pureté capables de le réaliser en elle. Dès que nous voulons précipiter son évolution, en acceptant une vérité toute faite, en pratiquant une vertu qui nous dépasse, nous nous corrompons infailliblement.

Ce que nous oublions trop souvent, surtout dans nos rapports avec nos frères, c'est de tenir compte du degré de leur développement et de la patience que nous devons au progrès du bien. Demandons à chacun d'être vrai dans la phase qu'il traverse, mais n'exigeons rien de plus.

Personne ne peut nous donner la vérité, toutefois quand nous avons vécu certaines vérités, il arrive que nous en trouvions la confirmation dans l'expérience d'autres âmes; et cette confirmation achève de les sanctionner en nous.

L'enfant qui a commencé par avoir part au salaire paternel, devenu adulte, doit à son tour gagner sa propre vie; de même l'homme, éveillé par la voix du bien, mûri par la souffrance, doit travailler pour discerner, choisir et conquérir dans la vérité générale une vérité personnelle et vivante.

Il n'acquiert cette expérience qu'en mesurant ses facultés propres avec les forces du monde. Au contact éducatif de la vie, ses qualités inconscientes se développent; elles deviennent partie intégrante de son moi, comme ses membres de son corps. Possesseur légitime d'un bien personnel, fondé sur l'expérience, il est à l'abri des influences étrangères, et il devient dès lors capable d'accomplir sa vraie destinée.

Le bien c'est la naissance et le développement de la vie divine en nous, c'est la découverte, par la foi, du monde invisible. L'homme
naturel s'en tient aux apparences. Pour lui,
mouvement signifie vie, sourire veut dire
bonheur, une bonne action est synonyme de
bien. Mais à mesure que s'exercent nos facultés psychiques, un nouvel être se forme
en nous, un nouveau monde s'ouvre à nos
yeux, et nous découvrons qu'un silence, une
larme, un échec, peuvent représenter une
joie plus profonde.

La matière, devenue transparente, nous
laisse deviner l'âme des choses, et cette âme,
nous la sentons vibrer à l'unisson de la nôtre,
comme l'écho d'une voix unanime qui va se
répercutant d'un bout à l'autre des régions
immortelles.

Cette initiation progressive aux réalités
invisibles constitue le vrai progrès, et nos
conquêtes dans ces terres merveilleuses forment notre véritable patrie.

Sans le mensonge des apparences et le
poids de notre raison alourdie, l'intuition
naturelle, qui met en contact le divin en nous
avec le divin universel, serait une marche

triomphale à la beauté parfaite. Mais comme membres de l'humanité, nous avons à compter avec les obstacles de la vie, et comme parties d'un organisme, notre être supérieur est obligé de régler son vol au pas de notre être inférieur. Peut-être notre moi transcendental, n'ayant guère dépassé l'état d'enfance, demande-t-il encore, pour ne pas s'égarer dans un azur affaibli et diffus, le contrôle de la logique humaine et les entraves de la vie quotidienne.

Cependant l'instinct secret, que la morale, l'art et la religion nomment tour à tour intuition, inspiration, grâce, n'en reste pas moins ce qu'il y a de plus grand, de plus réel et peut-être de seul immortel en nous. Il est l'organe du progrès et la vérité de l'avenir, celle qui prévaudra contre toutes les conquêtes de la force, de la raison et de l'intelligence.

Celui-là aura donc vécu pour le bien qui, à travers mille échecs, aura su donner à son âme le plus d'occasions de se réveiller, et celui-ci aura vécu pour le mal qui, malgré une conduite en apparence irréprochable peut-être, aura volontairement entravé l'éclosion du divin en lui.

❦

La nature est œuvre divine; nous naissons avec le germe du bien. Le bien que nous faisons sur la terre n'est donc pas un effort contre nature, mais une éclosion de notre vraie nature, un épanouissement de ce qui, en elle, est le meilleur et le plus vraiment nôtre. Ce n'est pas un devoir, c'est un bonheur, bonheur il est vrai, que l'on obtient péniblement dans un monde où tout est entrave, mais que l'homme éclairé devrait rechercher aussi naturellement que les autres bonheurs.

Notre être intime destiné au bien, ne pourra se complaire définitivement qu'en lui.

Cet être si pur, dépositaire d'un germe sacré est solidaire également du monde souillé qui tend à le détruire en lui suggérant des aspirations faussées. Et, comme le développement du vrai dans la nature a créé le bien, la déformation des désirs naturels a produit le mal, le règne du mensonge, cause de toutes nos douleurs.

La mystérieuse présence, sur notre terre, d'êtres foncièrement mauvais s'explique par le fait des déchets que la nature a laissés, en se développant : scories qui gisent partout

où passa la flamme vive, cocon vide d'où
sortit le papillon, escorte des erreurs qui
accompagnent tout progrès.

Le devoir de l'homme est de retrouver, au
milieu du mensonge universel, le germe de
vérité primitive, de le dégager, comme une
parcelle d'or, pour lui donner enfin le développement et l'éclat d'un joyau royal.

Lorsqu'il aura ressaisi ses aspirations pre-
mières et légitimes, l'homme aura retrouvé
le bien, son moi véritable.

Ainsi toute aspiration au bonheur, quelque
défigurée qu'elle soit, n'est au fond qu'une
aspiration vers le bien, la nostalgie du paradis perdu.

☙

Le bien est toujours l'objet de ton désir;
mais comme un petit enfant, tu peux prendre
de l'hysope pour du miel; voilà pourquoi on a
dû exprimer la vérité par des lois, et les lois
par des mots; mais celui qui sait tous les
mots peut se trouver aussi éloigné des grandes
pensées que celui qui obéit à la loi peut être
loin de la compréhension du bien.

Le danger pour l'homme, c'est le savoir et
la liberté qu'il a d'en user. Le savoir peut

l'éloigner de la vérité, mais il peut aussi l'y ramener, pourvu qu'il reste humble et conscient de son insuffisance.

Ce qui nous détourne de la vérité, c'est la connaissance, employée dans un but intéressé. Le désintéressement est la condition première de tout bien. Il faut que j'apprenne à vouloir, par amour de la beauté, non par amour de la jouissance, et je découvrirai que la beauté est la plus complète des jouissances.

On s'accorde à prêter au mal tous les pouvoirs, au bien toutes les faiblesses ; c'est l'éternelle histoire du loup et de l'agneau, et comme depuis des siècles nous assistons à l'oppression du juste, on ne songe plus à s'étonner de l'apparente défaite du bien ; se hasarde-t-il à revendiquer ses droits de suprématie, aussitôt il devient suspect.

Il est admis que le bien renferme toutes les qualités passives : la douceur, l'humilité, le désintéressement, la patience ; c'est un composé de vertus inoffensives, libres de se propager, comme les fleurs dans un jardin, pour l'agrément de chacun. Mais se souvient-on encore que, dans son essence, le bien est une force, une volonté, une puissance destinée à triompher par le combat.

De nos jours, l'homme de bien est un anémié; il a perdu sa foi en lui-même; ne distinguant plus nettement le but qui lui est assigné, il va au hasard en tâtonnant. Il craint de traverser les places publiques et demande humblement aux manants la permission de passer. Quand il doit paraître, il préfère se montrer en compagnie et ne s'affirme que soutenu par l'Église ou protégé par la loi.

Sa propre incertitude le rend faible vis-à-vis des autres. Il ne sait quand il doit faire sourire et quand il doit faire pleurer. La vue d'une goutte de sang l'effraye; il s'attarde le long du chemin à redresser une fleur et marche avec précaution, pour ne pas écraser un insecte; il épuise en attendrissements maladifs et gaspille en petites vertus aimables la conscience de sa mission royale et la force de son héroïsme. Le méchant, plus courageux et plus indépendant, fraye son chemin, bravant l'opposition, et surmonte ainsi les obstacles de l'ordre établi. Il sait ce qu'il veut, lui, et n'épargne aucun moyen pour atteindre son but. Les gens de bien, s'inspirant de son exemple, auraient avantage peut-être à imiter son audace, car la bonne volonté sans force risque souvent d'être plus nuisible que le mal.

L'idée du bien se résume, pour la plupart des hommes, en quelques formules officielles de la morale courante; elle n'est pas une vérité vécue, individuelle, distincte de l'expérience commune. Cependant la force ne vient pas au fort de son adhésion au bien général, mais de l'énergie qu'il consacre à élaborer la vérité qui lui est propre. Car le bien, tout en s'adaptant à la généralité des hommes, demande, pour devenir efficace, à être éprouvé, et, pour ainsi dire, recréé par chaque individualité.

Comme le bien ne peut demeurer une chose vague, générale, il ne peut se contenter d'être un faux amour du prochain. Ce n'est pas en ménageant le faible, en nous apitoyant sur la misère humaine, mais en croyant au remède et en affirmant la justice, que nous devenons véritablement utiles aux hommes.

Une loi inéluctable veut que tout ce qui grandit écrase autour de soi ce qui reste petit : l'arbre dans la forêt, en étendant ses

branches, étouffe plus d'un frêle buisson; le
génie, en poursuivant son idéal, foule aux
pieds les intérêts vulgaires qu'il trouve sur
son chemin, et la conscience éclairée qui
s'affirme effarouche et blesse les ignorants;
ainsi la force semble parfois cruelle, mais
elle se justifie par le fait qu'elle sert le progrès vrai de l'humanité.

Cette force, capable de produire toutes les
audaces, d'assumer toutes les responsabilités,
dans une parfaite indépendance, voilà ce qui
manque encore à l'idée du bien!

*

Plus une idée est profonde et subtile, plus
elle donne lieu à l'erreur; il n'est peut-être
pas de conception qui, passant par le filtre
étroit de notre cerveau, n'ait été autant mu-
tilée et rétrécie que celle du bien.

Si notre conscience a dépassé quelque peu
celle du sauvage qui, après avoir égorgé son
frère, rend hommage à son fétiche et s'en va
satisfait, elle ne conçoit encore le bien que
sous la forme éphémère et variable des lois
humaines et croit avoir rempli tout son devoir le jour où elle a fait le tour de sa morale : ignorante du grand mouvement d'amour

qui, depuis des siècles, la porte avec tout ce
qui vit vers le triomphe universel.

Le bien n'est pas dans l'accomplissement
d'une loi limitée, mais dans l'acquiescement à
la vie grandissante et universelle ; c'est le développement en nous du germe éternel, la naissance d'une vie dont l'autorité est tellement
supérieure à l'ordre ancien, qu'elle nous affranchit de la notion courante du bien et du
mal et nous donne une appréciation nouvelle
de toute valeur.

Le mal n'est pas dans l'infraction à la loi,
mais dans le reniement de la vie, dans tout
ce qui met obstacle à son développement et
à son élévation : la froide raison qui tempère,
le matérialisme qui engourdit, la paresse qui
s'épargne, l'égoïsme qui accapare et le mensonge qui falsifie.

Il importe, pour que nous comprenions la
puissance et la valeur du bien, que nous en
retranchions l'idée d'une manifestation visible et sensible. Le vrai bien, celui qui fait
notre salut, ne dépend pas de nos instables
petits mouvements d'obéissance, de charité
et de foi, mais de notre adhésion à l'universel progrès du bien en devenir. Comme la
vie repose dans la plante, il est une force

qui repose en nous, et nous porte, dès que nous nous y livrons, à travers les fluctuations bonnes ou fâcheuses de l'existence, vers l'accomplissement de notre suprême destin.

Le bien est le grand courant de vie : partant des profondeurs cachées de l'univers, il parcourt la terre, il la féconde, pour se précipiter enfin dans l'océan de l'infini, plénitude de l'âme en Dieu.

LA TRANSGRESSION

LA TRANSGRESSION

Il y a deux genres de fautes : celles qui portent atteinte à notre âme et celles qui portent atteinte à notre vie. Le péché contre l'âme est une trahison de notre idéal intime et profond, il altère notre valeur réelle durant des années, des vies peut-être ; le péché contre la vie provient d'une déviation momentanée de la conscience, qui n'abaisse pas nécessairement notre âme, mais qui entraîne toujours la souffrance et se paye à l'égal de toute maladresse : un enfant joue avec le feu et se brûle ; il souffre parce qu'il a désobéi; mais cette désobéissance, loin d'entraver son développement moral, souvent le favorise, en lui faisant expérimenter le caractère et la valeur réels des choses qui l'entourent.

C'est sans doute parce que les fautes contre la vie ne reposent pas toujours sur une trahison de l'âme, qu'elles éveillent si rarement le remords, surtout chez l'être fort et conscient de sa valeur. Ne leur attribuons donc pas une importance trop grande. Laissons à la justice sociale le devoir de réprimer ce qu'elle croit nuisible, mais nous, quand nous jugeons la conduite de nos frères, efforçons-nous de ne tenir compte que des intentions qui l'ont provoquée. Il est certain qu'on a vu commettre de grandes fautes par des êtres admirables, sans que leur valeur profonde en ait été altérée; tout en péchant, ils se jugeaient et n'abaissaient jamais leur idéal au niveau de leurs actes. D'autre part on a vu des êtres médiocres pratiquer vainement toutes les vertus.

Ces faits nous prouvent que la pierre de touche ne se trouve pas où nous le croyons et qu'il y a un monde, de la faute visible au péché réel. Quelle est la limite entre ce péché

de surface qui naît et meurt avec la vie et
le péché spirituel dont l'âme porte les conséquences bien au delà des limites de notre
conception? Nous l'ignorons, car cette limite
varie suivant la qualité de l'individu. Aussi
notre justice ne sera-t-elle jamais équitable.
Mais ce que nous sommes si maladroits à
établir pour les autres, nous le sentons par-
faitement quand il s'agit de nous-mêmes;
nous savons pourquoi notre conscience, à
certaines heures, s'acharne à nous reprocher
une peccadille, tandis qu'à d'autres moments
elle se plaît à nous passer un crime, alors
même que ce crime aurait entraîné un grand
malheur et que la peccadille fût restée ina-
perçue.

A mesure que notre intelligence s'éclaire,
elle transporte instinctivement le problème
de la responsabilité du domaine de la conscience vulgaire à celui de la justice individuelle et profonde : elle ne se préoccupe plus
de ce que l'homme doit dire ou faire, mais
de ce qu'il doit être par rapport à l'idéal
intime et divin qui lui est proposé.

La vraie transgression est un acte invisible,

profond, infiniment subtil, qui se passe au
sanctuaire de notre être ; c'est un mensonge
de l'âme, un tort que nous faisons, non pas
aux autres, mais à nous-mêmes. Nous le
commettons chaque fois que nous désobéis-
sons à ce que nous avons reconnu comme
étant le plus élevé et le meilleur en nous ;
les pensées, les paroles et les actes que nous
émettrons par la suite ne sont que l'expression de ce moment d'infidélité.

Aucun péché ne peut se commettre en
dehors de notre âme, et ceux qui nous
voient voler ou trahir, ignoreront toujours
l'heure et le caractère de notre véritable
transgression.

Ce mensonge intérieur est généralement
provoqué, non par la volonté de mal faire
mais par manque de volonté de bien faire.
Ceux qui veulent le mal sont rares ; les
hommes en général ne voient que leur intérêt, leur bien-être, leur bonheur ; mais (et
c'est ici que commence la transgression) ils
le veulent à tout prix, même mal acquis : ils
le veulent égoïstement.

Comme on peut mentir à Dieu, dans l'inaction de son âme, on peut nuire à son prochain
sans paroles et sans actes. Cette trans-

gression n'a rien à faire avec la vie extérieure
qui, tout au contraire, prend souvent une apparence plus florissante au moment où meurent
les plus belles fleurs du jardin intérieur.

On a voulu voir dans cette injuste contradiction du cours de la vie avec les mouvements de l'âme, l'intervention d'une puissance
maligne, avide de favoriser les moins scru-
puleux. N'y a-t-il pas là plutôt un enchaîne-
ment logique de causes à effet ? Celui qui
convoite la richesse, voit ses biens prospérer
par le fait qu'il leur consacre plus d'attention ; et l'âme, soucieuse de progrès, choisit
inconsciemment, même au détriment de son
bonheur, les circonstances qui favorisent son
développement.

Mais si notre fidélité intérieure n'agit pas
d'une façon directe sur notre destinée, elle
n'en reste pas moins, pour celui qui la pratique, une cause d'enrichissement et un ache-
minement vers un bonheur supérieur.

Il a souvent suffi d'un sentiment noble,
tel qu'une affection désintéressée, d'un sacrifice ignoré, pour maintenir l'équilibre de
l'âme à travers toutes les erreurs. Mais rien
n'est subtil comme un sentiment noble. Et il
suffit d'un mouvement d'indélicatesse — bien

peu de chose en apparence — pour faire bais-
ser notre niveau moral. Le mouvement répété
finit par miner la base du plus bel édifice
de vertu.

... Souviens-toi du soir, lointain peut-être, .
où, plongeant ton regard dans celui d'un
être aimé, tu as reconnu la beauté et compris la valeur de la vie : tout ce qui était
médiocre avait disparu, c'était une nouvelle
terre où, d'un pas léger, tu franchissais des
cimes lumineuses; puis la fatigue est venue,
la vision s'est voilée. Sollicité par mille exigences étrangères, tu as cru devoir fermer les
yeux à la clarté des étoiles, et, avec regret,
avec douleur peut-être, mais résolument, tu
t'es détourné de l'idéal entrevu, pour prendre
la route commune des intérêts mesquins et
des ambitions raisonnables. Ce ne fut qu'une
seconde, mais elle décida de ton évolution.
Fatalité ! dis-tu. Ignorance, peut-être. Dès
lors, avec tes aspirations, se modifia ton
caractère; il devint plus robuste et moins
délicat, plus actif et moins vibrant, plus
satisfait et moins heureux. Avec ton caractère, se modifia le cours de ton destin. Hos-
tile à tes rêves téméraires, la fortune sourit
à tes désirs modérés.

Il se peut que tu ne te sois pas senti com-
plètement à l'aise dans le domaine de la
prospérité normale : l'idéal désintéressé,
entrevu, ne fût-ce qu'une fois, laisse à
jamais au fond du cœur une invincible nostalgie. Peut-être aussi as-tu commis beaucoup d'erreurs condamnées par le monde;
mais la vraie trangression est celle dont tu
te rendis coupable en ce jour oublié, indifférent, où, pour la première fois, tu trahis au
fond du sanctuaire la vérité intime que nul
ne connaissait...

Je cherche à reconnaître mon frère et je
ne trouve plus dans son regard la profondeur
des rêves lointains, dans son attitude la langueur attendrie des nobles luttes; son pas
décidé, ses traits durcis ne laissent plus
transparaître l'esprit; mon frère est-il mort
ou sommeille-t-il seulement au fond d'une
prison où les âmes captives attendent la
visite d'un nouveau libérateur? Jusqu'où son
choix fut-il volontaire, jusqu'où fut-il forcé?
Car l'entrave qui est en nous est aussi autour
de nous, et pour la briser, nous dépendons
d'une force prêtée qui ne nous est pas toujours départie à mesure égale. Et si vraiment l'homme a renié le dieu, jusqu'à quel

point a-t-il reconnu et regretté son mensonge ?
Les égarements de l'esprit et les erreurs de
la conscience portent-ils vraiment atteinte à
l'âme, ou l'attardent-ils seulement, attristée,
sur le chemin du salut ? Qui le dira ?

Tout ce qui se passe au cœur même de
l'être est tellement insaisissable que nous
pouvons à peine discerner, et à plus forte raison juger la cause, le point de départ, puis
la marche du mal dans les âmes. Qui sait si
celles d'entre les âmes que nous appelons
égarées ne se sont pas efforcées vainement
de nous communiquer ce qui les oppressait
et n'ont dû finir par se résigner à la défaite,
faute d'avoir pu appeler au secours ?

Ce n'est pas en mesurant ce que nous
savons, mais en admettant la grandeur de
l'inconnaissable et en nous disant que nous
ne dépendons que de lui seul, que nous arri-
verons à donner le plus d'ampleur à notre
âme et le plus de justice à notre vie.

Soyons donc attentifs, non à nos actes, à
nos paroles, à nos pensées, mais aux ombres
légères qui passent furtives au seuil du sanctuaire recueilli. Dès que notre vision de la
beauté se voile, dès qu'une langueur para-
lyse notre élan triomphateur, dès que nous

devenons moins bons, moins aimants, moins
purs et moins généreux dans nos mobiles,
moins sincères et moins entiers dans nos
dons, moins heureux du seul beau bonheur,
disons-nous qu'il y a péril... Arrêtons-nous !
Prêtons l'oreille à notre cœur d'enfant. Lui
seul est vrai toujours !

Ce qui compte, c'est le divin dans l'homme,
et ce divin, il peut à son gré le cultiver,
l'agrandir, l'atténuer ou l'oublier. Mais sa
vie ne sera noble qu'en proportion du respect et de l'attachement qu'il aura accordé
à son être immortel.

Ce n'est pas toujours d'après sa vie, ni
même d'après le développement de son âme
que nous pourrons évaluer la valeur d'un
être ; pour être juste, il faudrait pouvoir comparer les résultats qu'il a obtenus avec les
possibilités qui lui furent offertes. Le mérite
de l'homme réside dans son amour du bien,
quelle qu'en soit la forme ou la manifestation. Il est des êtres pour qui l'accomplissement de la loi est une joie, une nécessité ;
il en est pour qui elle est un dur effort ;
il en est pour qui elle est une faute ; et tout

cela dépend du mystérieux assemblage de
circonstances, d'influences, d'atavisme, d'expériences spirituelles qui ont formé en eux
l'idée du bien. Cette « idée du bien », que
tous nous portons en nous sous une image
différente, est en quelque sorte le sceau divin
que nous devrions apprendre à respecter les
uns chez les autres, car si la forme de vérité,
adoptée par nos frères, peut être discutée,
l'expérience qu'ils ont faite de leur vérité reste
sacrée.

※

Celui qui aspire à la vérité, même s'il se
trompe, cherche la lumière, mais celui qui
commet le mal ferme volontairement son âme
à tout ce qui pourrait l'éclairer ; car il compte
sur l'obscurité, pour neutraliser les conséquences de ses fautes, et où trouver plus
d'ombre propice et de silence discret que
dans ces régions de la conscience intime où
nul ne pénètre ? Mais quelque riante que soit
notre demeure, nous ne pourrons y goûter
aucune joie si la chaleur et la clarté indispensables au bonheur en sont bannies ? Nous
avons le pouvoir d'étendre un voile entre le
monde et nous, mais non entre notre âme et

nous. Et notre bonheur ne dépend-il pas de notre âme, bien plus que des autres âmes?

❧

Le mal dans l'ordre moral c'est tout ce qui est faux, artificiel, tout ce qui cherche à cacher ce qui est, à paraître ce qui n'est pas; tout ce qui n'est pas simple, pas naturel, pas humain; c'est tout ce qui ment, tant pour le bien que pour le mal.

LES CIRCONSTANCES

LES CIRCONSTANCES

La vie tend à nous entraver, à étouffer
en nous, soit par les liens de la famille,
soit par les obligations de notre carrière,
ou par les influences sociales ou religieuses,
l'être véritable que nous sommes et que nous
avons le devoir de libérer et d'épanouir. Une
fois emprisonnés, nous sommes perdus; tout
développement individuel s'arrête, nous devenons le jouet des circonstances. Parfois
ces circonstances peuvent être modifiées,
souvent elles sont irrémédiables, toujours
nous pouvons les dominer.

Comment au milieu de ce chaos, arriver à donner à notre moi véritable la possibilité « d'être » ?

Quand on a tout essayé pour sortir de la prison où le sort nous a cloués, il n'y a plus qu'à se résigner, mais à se résigner en se libérant de ses chaînes, c'est-à-dire en vivant intérieurement comme si nous étions libres. Car l'âme a ce merveilleux privilège de pouvoir échapper aux circonstances et de se créer un paradis à son gré au milieu du désert le plus aride. Il arrive même que la force qui se dégage d'elle finit par influencer les événements et par lui créer un nouveau milieu, un second destin.

Car nous avons deux destins, comme nous avons deux natures : celui qui nous vient de notre être primitif et qui nous accompagne dès le berceau : reflet attardé d'une existence antérieure; et le destin supérieur, qui rayonne de notre être évolué. Et comme le premier entravait nos aspirations véritables, celui-ci au contraire y répond et les favorise.

Les âmes faibles qui n'ont su ni se libérer, ni parvenir au pouvoir créateur, restent le

plus souvent écrasées sous le poids d'une
destinée primitive et arbitraire ; elles entre-
voient mille possibilités de délivrance, mais
leur rêve incapable de s'incarner sur le plan
physique ne transforme rien autour d'elles.
Les âmes fortes, savent se créer une patrie
indépendante de la matière. Qui n'a éprouvé
la sensation étrange d'échapper aux événements et de vivre, pour ainsi dire, en dehors
de sa vie ? Si nous parvenons parfois à supporter des situations humainement intena-
bles, c'est qu'en réalité « nous », notre « moi
véritable » n'y est plus. Et cependant c'est
ce « moi véritable », cet infiniment petit, cet
infiniment vrai en nous qui va décider de
l'avenir et imposer sa direction à notre destinée.

Il y a d'abord une lutte à outrance, un
acharnement désespéré des forces du passé
contre notre individualité qui s'affirme, puis
ces forces s'émoussent, nous devenons moins
accessibles aux influences anciennes, auxquelles se mêlent déjà des éléments d'un
caractère différent : amitié, occupations, circonstances se présentent sous une autre
forme ; il semble que nous venions d'entrer
dans une ère nouvelle où le destin a d'autres

façons, d'autres habitudes. On se sent dépaysé dans sa propre vie ; puis, soudain, il y a comme une reconnaissance des lieux, une réminiscence du rêve lointain !... Dieu aurait-il réalisé ce qui fut notre pensée suprême ?

A mesure que nous avançons, la nouvelle direction se dessine, et nous assistons à un de ces revirements de la fortune qui étonnent autant ceux qui en sont l'objet que ceux qui en sont les témoins. Il semble que le destin, comprenant enfin à qui il a à faire, s'efforce d'adapter les événements aux véritables besoins de l'être.

Cependant il arrive à l'âme la plus forte de devoir attendre, pour réaliser son rêve, que la vie ait achevé de payer sa dette au passé. C'est ainsi que nous semons souvent sans recueillir, et que nous recueillons où nous n'avons pas semé ; « nous recueillons ce que nous avons semé », fût-ce dans une vie précédente, et nous semons ce que nous recueillerons dans une vie à venir. Alors même que notre destin ne peut encore suivre notre âme, tôt ou tard il parviendra à la rejoindre, et, soit dans cette vie, soit dans une autre, nous finirons par vivre ce que nous sommes.

A l'irrémédiable il faut se soumettre, mais la volonté qui survit à la défaite a un pouvoir infiniment supérieur à la volonté qui triomphe ; et le juste quand il abdique, s'élève au-dessus des circonstances et impose sa personnalité à l'obstacle même qui vient de le briser.

Il faut beaucoup de patience pour attendre que les choses prennent autour de nous la forme de nos pensées, mais si ces pensées sont sincères, tout ce qui leur est inférieur doit finir par leur être soumis. Le pouvoir du mérite inconscient est du reste le seul qui puisse s'exercer avec justice d'homme à homme. Il n'est pas rare d'entendre dire, même aux personnes les plus éprouvées, qu'elles ont obtenu de la vie tout ce qu'elles ont voulu. C'est le caractère d'un tableau qui décide de son cadre ; il n'y a que les toiles banales auxquelles on impose un cadre quelconque.

Renonçons, s'il le faut, à déplacer les obstacles, ne renonçons jamais à les vaincre, c'est-à-dire à avancer malgré eux. « Il ne faut se soumettre qu'au bonheur », a-t-on dit.

La destinée, qui nous obéit souvent, ne se

laisse jamais violenter par nous ; les attaques que nous dirigeons directement contre
elle dans un mouvement d'impatience, de
révolte ou de découragement, échouent à
coup sûr et se tournent contre nous. Ne la
traitons pas en ennemie, mais en alliée.
Efforçons-nous de la comprendre, d'entrer
dans ses intentions, non pour leur faire violence, mais pour nous en servir. Si elle ferme
la route qui devait nous mener directement
au but, un détour nous y conduira peut-être :
l'essentiel est de ne pas s'attarder à gémir
devant les portes closes. Les obstacles que
nous rencontrons n'ont pas pour but de nous
briser, mais de nous assouplir ; il faut arriver à tout comprendre, à nous adapter à tout,
mais en restant nous-mêmes, dans l'entière
liberté de nos opinions et de nos actes. Car
une chose ne nous est refusée que pour nous
aider à en découvrir une autre. La destinée
s'en prend aux entêtés, aux ignorants et aux
faibles ; elle n'a que peu, ou point de prise
sur le sage, car il ne dépend plus d'elle, son
trésor est ailleurs.

Les obstacles ne sont pas seuls à nous
barrer la route du bonheur ; souvent nous
avons à diriger nos efforts, non pas au dehors,

mais au dedans, contre les sentiments qui nous animent. L'entrave qu'on ne peut pas briser extérieurement est presque toujours destinée à se dénouer intérieurement. Il y a des biens auxquels il ne faut jamais renoncer, mais dont il faut, par moments, apprendre à se passer, sans cesser pour cela d'espérer et de vivre.

Obstacle extérieur, obstacle intérieur ; même quand nous les voyons tous, il n'est pas en notre pouvoir de les supprimer sur l'heure. Tout progrès est le résultat d'un long travail, il faut du temps pour acquérir l'intelligence et les forces nécessaires qu'exige un état supérieur. Et c'est là l'épreuve où sombre souvent la foi.

On peut envisager une circonstance de bien des côtés différents. Elle s'éclaire ou s'obscurcit, suivant la volonté bonne ou mauvaise que nous avons mise à l'accueillir ; cette volonté elle-même dépend de notre notion du but véritable des choses. Avons-nous saisi ce qu'une circonstance pénible peut contenir de fécond, nous l'acceptons aussitôt et ouvrons notre âme aux enseignements qu'elle

apporte avec elle. Comprendre, c'est pardon-
ner, accepter, grandir intérieurement; comprendre, c'est régler le cours de notre vie
morale sur la marche de la grande roue du
destin, sans plus résister, ni lutter; c'est
être d'accord avec Dieu, non parce qu'Il est
le plus fort, mais parce qu'Il est le plus sage.

※

Ayons confiance en la nature, et laissons
naître le bien qui sommeille en nous. Certaines semences tombées au creux d'un ro
cher, privées de terre, d'air, de lumière,
écrasées sous des pierres n'en parviennent
pas moins à croître, à fleurir et à fructifier.

Aurions-nous, pour le bien, moins de ressources que l'humble semence, et les ennemis de notre développement seraient-ils
plus invincibles que les cailloux de la route?

※

Nous sommes trop enclins à l'action purement extérieure; notre agitation fait obstacle
à l'action divine. Il semble qu'au milieu de
la fièvre du jour, on ne sait plus s'arrêter
pour écouter son âme et rechercher les vérités invisibles; aussi, au lieu de s'enrichir

des biens qu'elle poursuit, l'humanité devient
toujours plus pauvre de force, d'espérance
et de vrai bonheur.

Autant il est utile que nous apprenions à
travailler pour gagner notre pain quotidien,
autant il importe que nous apprenions à nous
priver de travail pour gagner le pain de vie.
Comme le labeur de l'homme sert à lui pro-
curer la nourriture du corps, les heures
d'inaction, de silence et de contemplation
peuvent seules lui enseigner à maintenir son
équilibre et à conquérir son bonheur.

🙢

La grande difficulté de la vie, après celle
de se connaître, est de trouver le cadre qui
s'adapte à notre âme et en dehors duquel
nombre de nos facultés ne sauraient s'épanouir.

🙢

Contraires ou favorables, les circonstances
n'ont pas le droit de porter atteinte à notre
vie ; ne leur prêtons donc pas plus d'attention
qu'elles n'en méritent.

Les circonstances sont les vêtements de la
vie ; comme les vêtements, elles changent de
couleur, de forme, se déchirent et finissent

par s'user ; mais le bonheur véritable poursuit son cours, comme le cœur de l'homme
continue à battre sous n'importe quel vête-
ment de joie ou de deuil.

Les événements ne dépendent pas de nous,
mais ce qui est en notre pouvoir, c'est de
régler leur action sur notre âme et d'en faire,
par la manière dont nous les accueillons, nos
auxiliaires ou nos ennemis.

Les circonstances ne peuvent nous dominer
que lorsque nous leur sommes inférieurs en
force et en sagesse. Ce qui vient du dehors
exalte ou déprime notre âme, mais ne la tue
jamais. Nous croyons nos douleurs sans remède, parce que nous ignorons les innom-
brables sources de joie que contient encore
notre cœur qui nous semble mort, et le monde
qui nous paraît vide. Être découragé en face
d'une circonstance, si ennemie soit-elle, c'est
prouver l'étroitesse de notre horizon et la
portée insuffisante de notre vue.

Ce qu'il y a d'accablant dans les circonstances, ce ne sont pas les circonstances en
elles-mêmes, mais les lois rigides dans les-
quelles nous les enfermons: Il nous semble
que la maladie exclut toute joie de vivre,
qu'une déception tarit à jamais les sources

du cœur, que la perte de notre fortune nous
impose une indigence éternelle, comme si
cette jouissance, cette affection et cette abon-
dance ne tenaient pas à nous bien plus qu'aux
choses extérieures.

Je possède tout, où que je me trouve, lorsque je suis devenu capable de tout éprouver ;
car nous dépendons moins de ce qui se passe
dans notre vie que de ce qui traverse notre
âme.

Si je domine l'idée qu'on attache habituel-
lement aux choses, est-ce que du même coup
je ne dominerai pas ces choses ? Or il ne
faut pas seulement nous affranchir des idées
d'autrui, mais aussi des nôtres ; il y a loin,
en effet, des idées légitimes que nous sug-
gère notre âme, aux idées parasites dont nous
imprègne l'ambiance.

Le rôle des circonstances n'est point de nous
écraser, mais de nous apprendre à les dominer. Aiguisons notre esprit, fortifions notre
volonté, pour nous frayer un passage à travers elles.

La volonté, si elle est assez énergique pour
durer, finit par se justifier elle-même et par
atteindre son but. Si je veux la vie (et je ne
suis jamais dispensé de la vouloir), la mort

qui m'environne sera obligée de reculer; et
si mes regards appellent la lumière, l'au-
rore ne tardera pas à sortir de la nuit.

Peut-être le découragement n'est-il que
l'ignorance des demi-malheureux qui, pour
n'avoir jamais plongé jusqu'au fond du gouf-
fre, ignorent comment on en sort. Il faut
avoir savouré l'amertume du désespoir, pour
savoir qu'aucune situation n'est sans issue.
Chacun reste, en dernier ressort, le maître de
son destin. C'est au sein des profondeurs de
l'abîme que nous sont révélées l'efficacité de
la patience, la force ingénieuse de l'espérance
et l'infinité des moyens de salut que l'existence nous offre, en dehors de ce que nous
appelons « la chance ».

Sachons atteindre cette indépendance qui
nous permet de contempler, dans la joie ou
dans les larmes, mais paisibles et tranquilles
toujours, le cortège tragique ou glorieux des
événements de notre vie.

Que me voulez-vous, vous qui criez sous
mes fenêtres comme une horde affamée? Je
sens monter jusqu'à moi l'odeur de vos hail-

lons et vos cris discordants frappent mon oreille..... Que me voulez-vous?

Mon or ?... Je vous l'ai jeté à pleines mains et vous l'avez gaspillé !

Mon sang ?... Je vous ai livré mon cœur, et vous l'avez déchiré !

Que me voulez-vous ? Parlez ! Ah, je le sais : vous voulez mes yeux, mes yeux qui regardent au loin par-dessus vos fronts souillés et vos épaules courbées, vers la clarté montante dont tout l'horizon s'illumine, et que vous n'apercevez pas.

Je puis vous donner mes yeux, mais non leur vision...

L'ACTION DE L'HOMME

L'ACTION DE L'HOMME

L'homme est destiné à l'épanouissement complet de ses facultés. Tant qu'il sentira en lui des forces latentes, il sera inquiet et malheureux ; il a beau vouloir le plaisir sans la peine et se faire de la foi un oreiller de paresse, rien ne pourra le satisfaire en dehors du don absolu de lui-même.

Son devoir est de vivre, de se laisser entraîner par le courant mystérieux qui soulève les âmes d'un bout à l'autre de l'univers, « sans s'arrêter, sans consulter personne, sans jamais se croire arrivé, car la vérité

évolue toujours. Rien de fixe, rien de stable,
si non la foi en sa voie, l'amour du bien, la
confiance en Dieu. Ne se laisser annexer par
quoi que ce soit, car la vérité ne peut exister
dans un dogme stable, la vérité est le mouvement. Être de tout et ne prendre que ce
que l'on trouve de pur, de beau, de bienfaisant. Franchir toutes les cimes que la vie
vous offre : amour, science, art, jusqu'à ce
que l'on parvienne à un horizon libre. Car
tout est nécessaire : le doute et la foi, l'amour
et la haine, la souffrance et le bonheur, pour
former en nous l'image du vrai... Le progrès
est une suite de morts et de résurrections.
C'est un chaos, un tragique mélange de bien
et de mal ; qu'importe le résultat, pourvu que
le geste soit fait ; qu'importe l'erreur, pourvu
que rien n'ait été épargné ».

« Ce qui sortira du feu sera une vie nouvelle, une force tranquille, et dans cette lutte
refaire sa religion, son jugement, sa vie, sa
morale, se refaire soi-même (1). »

Ceux qui n'ont pas compris que le devoir
suprême de l'homme est de dépenser, en toute
occasion qui lui est offerte, toute la mesure

_____

(1) PAUL SEIPPEL, *Vie de Romain Rolland.*

dont il est capable, ne peuvent prétendre à la délivrance. La valeur d'un être dépendra toujours des frais qu'il consent à faire ; et son progrès sera proportionné au degré de son effort. Mais, pour être efficace, il faut que l'effort devienne une habitude.

Une belle pensée peut ajouter un rayon à notre esprit; seule une belle action ajoute une force à notre âme.

Basés sur ce principe, nous avons le droit d'attendre de grandes choses, car l'heure présente n'est que l'aube d'un jour où nous irons d'une admirable découverte à une découverte plus prodigieuse encore.

Comme l'enfant qui ignore les forces dont il disposera, l'homme ne découvre que peu à peu l'étendue de ses facultés; déjà maître de l'océan et de l'air, il ne tardera pas à pénétrer les régions plus vastes de l'invisible mystérieux.

Ainsi le problème du destin qui, jusqu'à cette heure, fut relégué dans le domaine du fatal et de l'irrémédiable, se présente-t-il à nous sous un autre jour. Si nous sommes convaincus que chaque âme est un monde où se trouvent recélés tous les secrets de l'univers, et que nous admettions que l'homme jouit dans ce monde d'un pouvoir presque illimité, comment ne pas reconnaître qu'il pourra intervenir, pour une part de plus en plus considérable, dans ce que nous appelons les destinées du monde, et qui n'est autre que la part de bonheur ou de malheur de l'individu?

Peut-être le destin nous semble-t-il aveugle, parce que nous n'apercevons pas encore dis tinctement les rapports directs qui existent entre les mouvements de notre âme et les mouvements de notre vie. La plupart des événements ne se produisent que parce qu'ils sont déjà en nous, et il est des êtres dont on peut déterminer exactement l'avenir, d'après leur caractère. Dieu a voulu que le bonheur de l'humanité soit en partie entre les mains de la créature; aussi la moitié des maux de la terre pourraient-ils sans doute être supprimés par l'homme, s'il parvenait à comprendre et à vouloir le bien.

Il a suffi parfois de la découverte d'un microbe pour trouver le remède permettant d'assainir des régions entières, de même la révélation d'un seul défaut reconnu et supprimé permet de transformer la vie d'un être et de relever tout un milieu; combien dès lors la connaissance plus approfondie des

moyens dont nous disposons parviendra-t-elle
à dominer l'inexplicable et à régler le destin.

Ce progrès est l'œuvre de l'avenir ; nous
pressentons déjà qu'un jour nous agirons plus
puissamment et plus librement sur un champ
plus vaste, mais, pour l'heure, nous sommes
encore emprisonnés dans un réseau d'idées
fausses, accumulées par des siècles d'ignorance. Trop timides sont nos espérances,
trop hésitantes nos décisions ; elles resteront
en deçà du but, mais les hommes de demain
en feront leur profit et réussiront où nous
avons échoué.

Ce que nous avons semé, ils le recueille
ront. Plus instruits, ils sauront éviter le poids
des souffrances inutiles et donner des chances
au vrai bonheur. Ils ne courront plus, comme
nous, après le fantôme d'un bien illusoire,
mais ils s'efforceront de réaliser les conditions du bien véritable ; ils seront plus sains
et plus forts, parce qu'ils auront su se ré-
server pour l'heure propice et les grandes
choses.

La génération qui vient porte en elle le
triomphe de la force humaine ; aussi est-ce
vers elle que se tendent nos bras fatigués,

c'est à elle que nous confions le dernier rêve de notre idéal vaincu.

Elle verra le « miracle » de l'homme ; je dis « miracle », parce que cette récompense du bien est quelque chose de si inattendu pour ceux qui connaissent la vie, qu'elle leur apparaît toujours comme un miracle ; du reste tout n'est-il pas miracle dans l'ordre du bonheur, et le miracle est-il moins merveilleux pour être expliqué ?

D'une part l'homme a appelé fatalité, miracle, ce qui n'est trop souvent que l'œuvre maladroite ou habile de ses propres mains ; d'autre part, il a attribué à son mérite ce qu'il ne devait rapporter qu'à Dieu. Il est en effet incontestable qu'à l'intervention humaine se mêle dans le cours des choses une intervention divine, et qu'en s'exerçant pour acquérir, l'homme doit en même temps apprendre à ouvrir les mains pour recevoir. Cette action étrangère, inexplicable, est-elle don gratuit ou récompense méritée ? Nous l'ignorons, mais il semble qu'arrivé à une certaine hauteur, l'homme rencontre Dieu et que Dieu l'admet à travailler avec Lui.

Ainsi la découverte et la mise en action des facultés complètes de l'homme nous promettent un avenir meilleur; mais il y a une limite à son pouvoir, et la créature, lorsqu'elle sera arrivée au point suprême de son développement, devra s'arrêter, car la vie terrestre se résoud en une interrogation formidable pour laquelle notre monde n'a pas de réponse.

LE MIRACLE DE DIEU

LE MIRACLE DE DIEU

—

Tout à l'heure nous faisions appel aux
forces actives de l'homme, il fallait lutter,
s'affirmer et vouloir; à présent nous sentons
le néant de l'action, nous sommes en présence d'un pouvoir étrange et suprême qui
agit au rebours de nos idées humaines et se
manifeste en raison directe de notre efface-
ment. Il faut supprimer le geste, abdiquer la
raison, devenir silencieux, dépendant, ré-
ceptif, neutraliser l'humain et faire place au
surhumain, à l'action du miracle. Comment
l'homme d'énergie pourra-t-il devenir passif,

le sage devenir petit enfant? Il est une connaissance qui se rapproche étrangement de
la candeur et une passivité qui ne provient
pas d'un manque d'énergie, mais qui est le
résultat de la vie qui se repose en Dieu.

Dans toute lutte vient un moment d'anéantissement où la limite des facultés humaines
nous impose l'immobilité; c'est à ce moment
que surgit généralement l'intervention divine : « le miracle », qui est à la fois la
récompense d'une justice souveraine et le
résultat de notre effort consciencieux.

Souvent pour venir à nous, le miracle prend
des formes étranges; notre délivrance dif-
fère non seulement de ce que nous espé-
rions, mais produit en nous des résultats
inattendus, de telle sorte que nous nous
trouvons tout à coup comme avoir changé
d'âme. Ce phénomène n'a rien du reste qui
doive nous effrayer : il marque simplement le
début d'une phase nouvelle de notre évolution. Tâchons seulement de comprendre et
marchons avec courage.

Dans ce qui nous arrive ainsi, sans avoir
été provoqué, ni prévu, ni même voulu par
nous, nous sentons si bien l'action d'un pouvoir étranger et supérieur au nôtre, que nous

prenons d'instinct, pour accueillir de tels
événements, une attitude déférente et humble.
Nous accordons même beaucoup plus de confiance aux biens que nous apporte la « chance »
qu'à ceux qui résultent de nos propres efforts,
et les dons immérités sont les seuls auxquels
nous croyons avoir droit.

L'homme le plus incrédule est au fond de
son âme si profondément convaincu de l'insuffisance de ses forces et de la nécessité
d'une intervention surnaturelle, qu'il compte
malgré lui sur ce qu'il appelle « les chances
du hasard ». Qui n'a connu ces heures où,
toutes les ressources visibles étant épuisées,
le cœur, acharné à espérer quand même, reste
aux écoutes, prêt à surprendre au vent du
hasard la nouvelle imprévue qui doit lui
rendre la possibilité de vivre ?... Malgré
nous, nous vivons du miracle, et tout ce que
la vie nous a apporté de meilleur, tout ce qui
a épanoui notre être et transporté notre
âme dans un élan d'amour et de reconnaissance fut un don gratuit de Dieu.

Que j'aime cette heure du soir, faite de
lassitude et de confiance, de dépouillement
et d'espoir, où l'âme emportée sur les ailes
du rêve, pénètre dans le paradis dont nos

forces épuisées avaient en vain tenté de forcer
la porte ! On touche à la limite de l'ordre
humain, de la matière ; on entre dans le mystère, dans l'infini, c'est l'heure où notre
propre échec nous permet d'espérer une intervention divine et victorieuse, c'est l'heure
du miracle! L'ouvrier dépose son outil, il est
las d'avoir travaillé tout le jour ; au lieu du
trésor espéré, ce ne sont autour de lui que
ruines amoncelées; mais du fond de son
cœur humilié monte en un chant d'allégresse,
un souvenir d'enfance : « Je suis celui qui
nourrit les oiseaux, qui revêt l'herbe des
champs », qui récompense le vain effort des
hommes !

La défaite de notre sage raison, de nos
valeureux courages, notre âme l'avait pré-
vue ; elle s'en réjouit, car dans cette morti-
fication elle voit son triomphe : Pour que
Dieu se manifeste il faut que l'homme abdique ! Combien bon ce qu'Il fait, combien
conforme à nos aspirations intimes et véritables ! Combien supérieur à tout ce que
nous avions attendu ! Arrêtons-nous... Silence ! C'est ici le lieu sacré... où, dans
une même pensée, se rencontrent l'homme
et Dieu ! Rien dans ce triomphe ne peut nous

enorgueillir : ce n'est pas un salaire, c'est un don. « La chance », disent les hommes ; « l'inexplicable », pense notre cœur... Et la vision des réalités invisibles passe devant nos yeux éblouis... Soudain nous voyons, nous comprenons, nous adorons, non pas une œuvre, mais un chef-d'œuvre, élaboré pour nous à notre insu.

Il est possible que, tel un peintre de talent, à force de bien connaître sa palette et de gouverner habilement son pinceau, nous parvenions à faire de notre vie un tableau plus ou moins conforme à l'idéal entrevu, mais ce qui nous sera à jamais impossible, c'est d'y mettre le rayonnement de la vie. Ici les plus forts sont infirmes. Dieu seul, reste maître du bonheur.

Un regard, une parole, un geste, ce n'est rien ou c'est tout, suivant qu'ils nous sont ou non envoyés de Dieu à l'instant propice et en réponse à nos aspirations intimes.

Quand survient pour nous une de ces heures de miracle, nous sentons que nous ne sommes que de pauvres artisans dont les meilleurs efforts ne parviennent qu'à déplacer un peu de poussière.

JOURS DE DISETTE

JOURS DE DISETTE

———

Il y a des heures dans la vie où aucune joie extérieure ne subsiste plus; tout autour de nous, c'est le désert ! Mais en nous, à notre insu, la source du bonheur est demeurée intacte. D'où vient qu'à certains moments cette source cesse de jaillir, laissant notre âme se consumer d'angoisse ou s'éteindre dans un sommeil léthargique ? Avons-nous, malgré notre bonne volonté, commis une faute d'ignorance, ou Dieu, pour une raison qui nous échappe, juge-t-il nécessaire de nous livrer à notre propre faiblesse, abandonnant

notre âme, comme jadis celle de Jésus sur
la croix ? Quoi qu'il en soit, il nous est aussi
impossible d'échapper à nos misères intérieures qu'à nos misères extérieures. Quand
on a lutté, prié, espéré, il n'y a plus qu'à se
laisser aller à l'anéantissement et à attendre
que Dieu intervienne peut-être !

La seule chose qui puisse nous aider à
traverser ces temps de disette, est la pensée
qu'ils passent, comme tout ce qui est humain, et qu'un jour l'espérance reviendra
éclairer notre vie, comme le soleil, après de
longs jours brumeux, sort des nuages et
illumine l'horizon. Alors seulement nous
constaterons que nous avons avancé et que
les jours de ténèbres et d'apparente immobilité étaient comparables au tunnel que traverse le voyageur, pour gagner l'autre ver-
sant de la montagne... Nous nous trouverons
sous d'autres cieux, dans un autre site, plus
favorable sans doute à notre évolution et
plus rapproché de notre vraie patrie.

L'instant où le soleil, en renaissant, nous
dévoile des beautés inconnues, inonde notre
âme de joie, et emporte jusqu'au souvenir
des amertumes et des angoisses passées.
Plus ces alternatives de douleur et d'allé-

gresse sont nombreuses dans notre vie, plus
notre foi aux choses immortelles devient inébranlable, et plus inlassable la patience op-
posée par nous aux chagrins et aux déceptions de la terre.

❦

La prospérité, c'est-à-dire le bonheur —
car je ne veux parler ici que des réalités intérieures — ne dure qu'autant que nous con-
servons l'esprit de sacrifice. Mais les plus
forts eux-mêmes et les meilleurs ne sauraient
éviter les surprises de la nature primitive
qui, à certaines heures, réclame ses droits.
Ne leur soyons pas trop sévères. La nature
est un enfant indiscipliné qu'il faut non pas
briser mais comprendre et diriger avec sagesse, en se montrant indulgent à ses désirs
imprudents. Gardons-nous de l'induire au
mensonge en lui demandant l'impossible.
Souvenons-nous que rien n'est plus fâcheux
que de se croire un ange, alors que l'on n'est
encore qu'un pauvre être humain. La mère
éclairée n'est pas celle qui exige le plus de
son enfant, mais celle qui se rend le mieux
compte de ce dont il est capable.

Nous ne sommes pas maîtres des ombres

et des clartés qui passent sur notre âme, mais bien d'accueillir les clartés des beaux jours, et de supporter la disette des jours de misère.

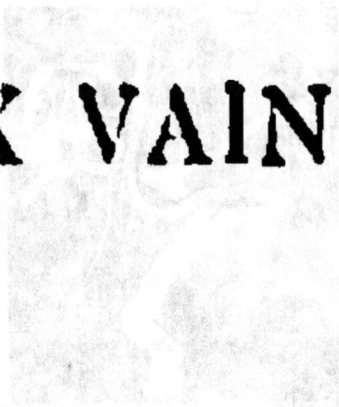

AUX VAINCUS

AUX VAINCUS

Sur toute a surface du monde, nobles con-
solateurs, la terre que vos pieds foulent est
sacrée et l'œuvre de vos mains bénie ! Qu'ils
aillent à vous, tous ceux dont les blessures
sont guérissables ! Mais il est un seuil que
vous ne pouvez franchir sans sacrilège, car il
conduit au sanctuaire où se passent des choses
mystérieuses que, seul, le silence n'outrage
pas : c'est le lieu de la souffrance à jamais
inexplicable et irrémédiable. Vous la niez,
mais hélas ! elle existe, et puisqu'elle existe,
c'est qu'elle doit être, c'est que nous avons

à l'accepter, même au risque d'ébranler notre
sentiment de la justice, plutôt que de chercher
à en atténuer par un mensonge le troublant
mystère. Car la souffrance exclue de toute
idée de mérite ou d'utilité, la souffrance pour
la souffrance reste l'énigme la plus profonde,
la plus sacrée, devant laquelle tous les fronts
doivent s'incliner.

Il est en effet une souffrance qui n'a pas
de nom, pas de sens, pas de but définissable,
une souffrance sans trêve et sans fin que l'on
endure, non pour le mal qu'on a fait, mais
pour la vertu qu'on a eue. Ce n'est pas une
souffrance qui se plaît à souffrir, oh, non !
Elle a cherché un remède partout, auprès
des hommes et en Dieu, dans l'action et dans
la prière, dans la possession et dans le renoncement. Mais au fond de la vie, elle a
senti la mort, et au fond de la mort, le néant.

Le renoncement peut satisfaire la conscience, pour un temps; il ne soulage pas
l'âme, elle s'éteint au contraire et devient inutile aux autres sous la pression d'une vie sans
espoir. Le renoncement, alors même qu'on
est parvenu à accepter, sans les comprendre,
ses conséquences mortelles, est un scandale
à notre conscience qui nous commande de

vivre, parce que ce n'est qu'en vivant que
nous entrons en possession de la vérité complète, que nous obéissons à Dieu, à ce même
Dieu qui veut que nous mourions. Aujour-
d'hui nous devons accepter la mort, pour
trouver la délivrance; demain c'est en pro-
testant contre la mort que nous atteindrons
à cette même délivrance.

Vivre! Il faut donc vivre, oh Dieu! mais
vivre de quoi? De la fleur qui se fane, du
rayon qui s'éteint; vivre, c'est-à-dire 'onner
raison à sa faim de bonheur, lâcher la bride
à son imagination, réveiller tous les dieux
qu'à force de prudence on avait endormis;
les réveiller, pour qu'ils nous entraînent vers
les régions bleues de l'infini qui, vues de
près, ne sont que des rochers implacables
contre lesquels toutes les forces se brisent.

Vivre! Que d'héroïsme il y a dans ce mot!
Vivre! Mais à côté de l'effort qu'il faut pour
vivre, mourir n'est qu'un jeu d'enfant. Abdiquer, passe encore, c'est humain, puisque
nous sommes faibles et environnés d'ennemis.
Mais s'épanouir est surhumain; c'est nier
l'évidence, affirmer ce que l'on ne voit pas
et vouloir l'impossible. Les hommes peuvent
nous enseigner à mourir; Dieu seul, parfois,

peut nous rendre capables de vivre, de vivre...
hélas, de rien !

Que de remèdes les hommes ont inventé,
pour délivrer l'humanité souffrante dans son
corps et dans son âme ! Mais, comme tant de
pauvres malades qui ont essayé en vain tous
les remèdes proposés par la science, nombre
d'âmes souffrantes ont suivi sans résultat,
et d'un cœur pourtant sincère, tous les conseils de la morale et de la religion.

A ceux dont le corps est miné par une maladie incurable on offre des asiles où ils peuvent achever leurs jours en paix ; mais pour
les âmes incurables il n'y a sur la terre ni
refuge, ni pitié : rejetées des amis de la joie,
elles sont condamnées par les honnêtes gens :
« Si elles souffrent », disent-ils, « c'est
qu'elles n'ont pas voulu guérir. Elles ont tort,
que ne font-elles comme nous, qui ne souffrons pas. » O hommes cruels, au regard
borné ! Non, la souffrance, même inexplicable, n'est pas toujours un châtiment : il y
a des souffrances dont ni la cause ni le but
n'est connu des hommes, comme il y a des
souffrances que rien ne peut soulager, parce
qu'elles ne sont pas destinées à guérir mais
à nous apprendre à endurer. En leur promet-

tant la délivrance au nom de Dieu, peut-être agissez-vous contre la volonté de Dieu, du Dieu qui s'est tu, même aux cris du Calvaire.

Ceux-là ne sont pas des impies, dont les prières sont restées sans réponse, les efforts sans résultat, la vie sans lumière ; les voies de Dieu ont leur mystère et les vaincus leur mission ! Qui sait, si l'être qui gît à terre écrasé et dont nous nous détournons avec la pitié un peu méprisante qu'on accorde aux lâches ou aux faibles, n'a pas dépensé plus de forces avant de s'avouer vaincu, qu'il ne nous en a fallu à nous-même pour vaincre ?

En proclamant bienheureux les pauvres, Jésus sans doute ne pensait pas seulement aux misères dont l'esprit triomphe, mais aussi à ces héros obscurs des luttes intérieures à qui nulle victoire n'est venue donner raison.

Sur les routes escarpées qu'ils ont dû suivre, les malheureux ont peut-être perdu leur foi en Dieu, leur amour pour les hommes, leur espoir éternel, mais ils vont quand même, et qui dira si les petits pas, sans joie, qu'ils font dans les ténèbres ne les rapprochent pas plus sûrement du but que nos courses triomphales dans la lumière !

LE COURAGE DU DOUTE

LE COURAGE DU DOUTE

Le doute chez certains incrédules est plus
admirable que la foi de certains croyants,
parce qu'il témoigne d'une poursuite plus
consciencieuse d'une vérité plus désintéressée.

Il y a un doute qui ne visite que ceux qui
sont allés jusqu'au bout de leurs forces et
qu'ignoreront toujours les tièdes ; ce doute
est peut-être le suprême triomphe de la foi,
car il proclame l'humilité du héros qui ignore
sa gloire.

On oserait presque affirmer d'une manière

générale que, seuls, les êtres trop superficiels pour sonder le fond de leur âme ou trop
craintifs pour explorer les dernières limites
de l'horizon, échappent à l'épreuve du doute.

Quoi d'étonnant à ce que la prière de ceux
qui ne prient que des lèvres demeure sans
réponse ? Mais ceux dont la prière fut l'expression d'une foi absolue, s'ils n'obtiennent
rien, s'accuseront-ils ? Ils savent comment ils
ont prié et que leur prière méritait d'être
entendue ? Il leur faut donc douter de Dieu ?
C'est l'écroulement de la foi au nom de la
sincérité. Horrible chute dans le vide ! Être
vrai, et oser en mourir, en perdre, s'il le faut,
même l'éternité ! Qui aura ce courage ? L'indifférent ou le saint ? Celui qui aime peu la
vérité, ou celui qui l'aime immensément ?

Le doute ne rejette pas Dieu : il rejette
l'odieuse caricature que l'on fait d'un Dieu
qu'il veut parfait. Le doute est le témoignage
du plus pur amour, et celui dont la foi naïve
n'a jamais été déçue ignorera toujours la
plus haute conception du divin, celle qu'une
foi éprouvée peut seule lui révéler.

Le doute est le filtre où s'épure notre foi;
il lui donne une valeur personnelle qu'elle
n'aurait pas eue sans lui. Il est l'échelle qui

nous mène péniblement de la terre au ciel, du Dieu des petits enfants au Dieu des sages.

Beaucoup, pour garder leur foi, mentent à eux-mêmes et à la vie ; ils croient, parce qu'ils ferment les yeux à ce qui est contraire à leur foi ; mais une âme forte, sincère et clairvoyante ne peut vivre de mensonge ; elle veut tout voir, tout connaître et croire quand même, si possible, en une vérité agrandie à laquelle rien de ce qui existe ne peut porter atteinte ; il n'y a de Dieu que celui que peut reconnaître et adorer tout ce qui est divin dans l'âme.

Le plus grand malheur qui nous puisse atteindre, est de perdre la possibilité de croire et d'espérer. Cependant Dieu permet ces épreuves. Le doute et la désespérance ne sont donc pas toujours des tentations qu'il faut vaincre, mais parfois des peines qu'il faut endurer.

L'ESPÉRANCE

L'ESPÉRANCE

L'espérance est l'aliment de la vie ; la foi, celui du bonheur. Pour être heureux, il suffit de croire et d'attendre, peu importe ce que nous croyons ou attendons ; le vrai bonheur est interdit aux sceptiques seuls, et aux indifférents.

Tout a sa raison d'être dans la nature, les forces les plus infimes sont peut-être les plus nécessaires. L'aspiration au bonheur est un instinct aussi indéracinable qu'utile ; il faut donc le comprendre et le cultiver comme un don sacré, confié à l'homme par Dieu.

Notre âme est un terrain ensemencé, sur
lequel nous sommes libres de faire fructifier les semences de notre choix. Trop souvent le désir du bonheur, cette semence pré-
cieuse qui renfermait toute une moisson de
vertus admirables, est pris pour un germe
d'égoïsme et partout détruit.

Le désir du bonheur, en nous faisant aspi-
rer à une existence toujours plus complète,
entretient en nous la volonté et le courage
de l'effort. Il est le ressort de toutes nos
pensées, de toutes nos paroles et de toutes
nos actions, l'axe autour duquel tourne le
mouvement de la vie terrestre.

Plus un être se développe, plus sa soif de
bonheur devient intense; l'âme agrandie a
des désirs que ne connaît pas l'âme médiocre.
Mais ce désir, comme tous les germes du
bien déposés en nous, demande à être cultivé :
il faut apprendre à croire au bonheur, à le
vouloir, puis à le choisir.

La foi au bonheur n'est point une illusion
de la jeunesse, comme on le prétend, mais
l'expérience d'une force qui grandit et triomphe de la réalité. Plus notre faible espoir se
sera heurté et brisé aux déceptions de la vie,
plus il renaîtra puissant et transfiguré.

Nous souffrons chaque fois que nous doutons de quelqu'un ou de quelque chose, mais notre souffrance se transforme en joie, dès que nous avons saisi, dans cette personne ou cette chose, la beauté immortelle qui nous les faisait aimer. Le doute et la déception sont nécessaires, pour que naissent la foi véritable et le vrai bonheur ; mais pour qu'ils durent, la confiance et l'espoir sont indispensables. La souffrance est un moyen, le bonheur est un but ; aussi le danger n'est-il pas de douter ou de souffrir, mais de s'attarder dans le doute et dans la souffrance par manque d'énergie, de clairvoyance et de confiance dans la vie. Il est des douleurs qui réveillent, parce qu'on en sort, il en est qui éteignent, parce qu'on y reste ; il faut savoir supporter celles qui nous viennent de Dieu, et rejeter celles que nous nous imposons presque toujours nous-mêmes.

Toute épreuve a son bon côté ; s'il s'agit d'une crise physique, en nous privant des intérêts extérieurs, elle contribuera à nous faire découvrir les trésors cachés de la vie de l'âme ; si c'est une crise morale, elle élargira notre horizon et nous fera découvrir une vérité supérieure, qui nous délivrera. Toute douleur, si nous avons su la comprendre, doit augmenter notre bonheur.

Comme le rythme de la respiration entretient la vie du corps, de même l'alternative de la douleur et du bonheur, qui tour à tour contracte et épanouit notre cœur, entretient la vie de notre âme; il importe seulement, pour rester en santé, d'assainir l'air qu'on respire et les impressions qu'on reçoit, car il y a de beaux bonheurs et de nobles douleurs, comme il y a des douleurs inutiles et des bonheurs mesquins.

On ne peut se soustraire aux souffrances inhérentes à la vie, mais on peut vaincre le découragement, l'amertume, la haine ou l'envie qui les rendent redoutables à l'âme; de même qu'on peut nourrir son âme de joies pures, de vrais bonheurs, au lieu de lui accorder des satisfactions médiocres et de l'amuser à des plaisirs douteux.

Le désir ardent d'être heureux pousse l'homme au vice ou à la vertu. Ce désir, légitime et juste en son principe, peut dévier sous l'influence de circonstances ou de dispositions fâcheuses et faire préférer les sa-

tisfactions grossières de l'égoïsme aux joies
pures de l'amour, mais il ne mérite nullement d'être étouffé pour cela : éteindre
dans un être le désir, l'espérance ou la
joie, c'est toujours diminuer sa force vitale
et réduire ses chances de bonheur véritable.
L'oiseau dont on a coupé les ailes de crainte
qu'il ne s'égare, se verra du même coup
privé de son élan dans l'azur. Aussi ne faut-
il pas réprimer le désir du bonheur, mais
bien apprendre à distinguer entre les diverses
qualités de bonheur. L'enfant, dont le jugement n'est pas formé, a besoin qu'on lui
apprenne à discerner la valeur des choses
qui l'entourent, afin de choisir les plus
belles.

En lui laissant expérimenter l'insuffisance
de ce qui est médiocre, la vie se charge,
dès qu'elle trouve un être de bonne volonté,
d'élever l'idée qu'il se fait du bonheur. Avant
de désirer le royaume de Dieu, les apôtres
avaient en vue les avantages d'un règne
purement terrestre ; ces aspirations affinées
et développées par l'exercice, les ont rendus
capables de saisir le bonheur supérieur que
constitue la possession des biens spirituels.

Cependant la vie, c'est-à-dire les circons-

tances, ne se charge pas, à elle seule, de
faire l'éducation de notre goût : il faut que
notre volonté collabore avec elle, non pas la
volonté active, privilège des natures bien
trempées, mais cette volonté que possèdent
les plus faibles des hommes, simple approbation ou adhésion spontanée de l'esprit au
bien préexistant. Ici il n'est pas question
d'effort : on fait effort pour accomplir le bien ;
pour l'aimer, il suffit de le reconnaître. Si
j'ai compris la beauté de l'altruisme, je me
placerai naturellement sous son égide pro-
tectrice ; les chrétiens désignent ce choix
sous le nom de conversion. Désormais ce
sera l'altruisme qui se chargera de m'instruire, qui me fera juger, parler et agir, de
sorte que mon premier mouvement, en présence des hommes et des choses, sera toujours un mouvement généreux. Il en est de
même de la bonté, du courage, de la droiture, de toutes les qualités qui constituent
la perfection humaine ; ce n'est qu'en les
aimant qu'on finit par les posséder. Sont-
elles voulues, elles n'existent pas ; elles
n'existent que quand elles sont devenues
naturelles, primesautières, inhérentes à l'être
véritable.

Il faut apprendre à voir ce qui est beau,
le reste ira de soi, car nous finissons toujours par devenir conformes à ce que nous
admirons ; l'admiration est la seule éducation
efficace. Notre désir de bonheur, qui n'est
qu'un désir du bien naissant, devra suivre la
même voie. Quand l'expérience nous aura
prouvé combien les honneurs, les plaisirs et
le bien-être sont impuissants à nous le
donner, nous rechercherons des avantages
meilleurs et plus élevés : satisfactions de
l'esprit et du cœur, art, science ; lesquels,
insuffisants à leur tour, nous mèneront à la
découverte de la joie centrale et créatrice,
au bonheur des dieux.

L'homme est fait pour créer : en créant, il
devient lui-même, il accomplit sa destinée.
Sa vie entière n'est qu'une initiation au don
créateur.

Créer, ce n'est pas uniquement produire
une œuvre, c'est donner ce qui n'est qu'à
soi. L'homme devient créateur quand, après
les mille stades des adaptations étrangères,
il finit par saisir ce qui est à lui, ce qu'il
reçoit non plus des hommes, mais directement de Dieu, comme un message spécial
et personnel. Ainsi le philosophe est plus

avancé que l'homme attaché aux biens matériels, et l'artiste plus que le philosophe, parce qu'ils arrivent à un résultat de plus en plus personnel.

Le philosophe s'achemine péniblement vers le sommet, le poëte y est transporté sur les ailes du génie; l'inspiration lui montre ce que le philosophe ne découvre qu'à force de labeur. Mais arrivés par des chemins différents, et conduits, l'un par sa sagesse, l'autre par sa muse, ils se rencontrent sur la même hauteur d'où ils contemplent ensemble le divin.

La possession d'un bonheur durable, qui forme notre capital intérieur, n'exclut nullement le désir et l'utilité des joies passagères; s'il subsiste en dehors de ces joies, il a cependant besoin d'elles pour demeurer réel et vivant. C'est en dépensant son trésor qu'on en réalise le mieux la valeur. Si la beauté que je contemple seul ravit mon âme, ce ravissement sera plus intense, dès qu'il sera partagé, et je ne créerai jamais mieux que lorsque je créerai pour l'amour d'un être et dans cet amour.

Le bonheur vrai ne se trouve pas en dehors de la vie, il ne la domine pas comme le ciel domine la terre; il est dans la vie, il est la vie même, la vie complète, avec ses luttes héroïques et ses joies sublimes.

Le bonheur n'est pas le reflet projeté sur nous par ce qui nous entoure, c'est une clarté qui venant de nous, se pose sur tout ce que nous touchons et rend aux choses la vie que nous tirons d'elles. Cependant si les joies extérieures ne sont que des miroirs reflétant le bonheur plus réel qui n'est qu'en nous, il est bon qu'aux heures de lassitude, leurs claires images viennent parfois nous redire que nous sommes heureux.

Plus nous aurons saisi la réalité du bonheur fondamental, plus nous deviendrons sensibles aux humbles joies que chaque jour apporte. Ainsi sourit l'enfant aux jouets et aux friandises mis à portée de sa main.

La joie est la plus belle des sources qui chantent au fond de notre cœur; elle nous murmure les mélodies douces et claires de la vie, celles qui nimbent de grâce les austères accords des vérités profondes.

Pourquoi ne vouloir faire de la vie qu'un devoir, quand on peut en faire un sourire?

Pourquoi forcer la nature à se mouler sur
des formes convenues, quand on peut l'abandonner à son épanouissement spontané ? En
obéissant à ses lois, la fleur qui s'entr'ouvre
et l'enfant qui joue savent d'instinct ce que
nous discernons avec peine après avoir in-
terrogé les siècles et pesé les mondes ; et le
bonheur que je prends quand il passe, parce
que je l'aime et qu'il me semble beau, en
éclairant mon cœur le rendra vraiment sage.
Mais la vie a perdu pour nous sa vertu
d'enseignement, parce qu'au lieu de l'accepter
comme elle est, d'un cœur simple et naïf, nous
en avons fait un problème raisonné, voulu
et malsain.

Le bonheur est un repos, non un effort ;
c'est en laissant venir à soi les impressions bienfaisantes, lumineuses, tendres et
bonnes, ce n'est pas en luttant pour leur
conquête que l'âme se développe et s'épanouit.
Il est permis de tout espérer de la vie, mais
il faut espérer constamment ce qu'on aime
le plus, et il faut aimer le plus ce qui nous
semble le plus beau. Un tel espoir n'est jamais
une chimère, puisque nous savons que la vie
est infinie et qu'une chose admirable a plus
d'existence réelle qu'une chose médiocre.

La foi au bonheur est la couronne immortelle de la vie. Si les déceptions et les douleurs étaient capables de nous l'arracher, elles nous enlèveraient ce que nous avons de meilleur, mais elles n'effeuilleraient que des corolles : les fleurs du bonheur ne sont pas sorties du sol tiède et parfumé des jours printaniers, mais de la lande aride de la douleur; elles ont leurs racines dans les entrailles de la terre et elles repousseront aux premiers beaux jours.

Si d'un pauvre bonheur, qui fait à peine sourire tel autre, je sais, moi, tirer une joie merveilleuse, n'est-ce pas à la douleur que je le dois? Rien ne rayonne comme la joie du vaincu; j'aime mieux goûter l'instant de bonheur du malheureux que d'avoir part aux heures de félicité des heureux, parce que son rayon à lui vient du ciel et m'apporte tout le ciel, tandis que leur clarté à eux vient de la terre dont elle n'éclaire qu'un seul et même sillon.

❦

Quoi qu'en disent les noirs fantômes de
nos heures de désespérance, nous allons à la
vie et non à la mort; à la vie qui, à mesure
qu'elle dépouille ses vêtements mortels, revêt
sa parure immortelle. Il ne faut donc pas,
comme ceux qui s'apprêtent à mourir, abdiquer ce que nous possédons, mais comme
ceux qui se parent pour la vie, acquérir ce
qui nous manque encore, en nous mettant
humblement, comme des petits enfants, à
l'école de la vraie sagesse.

Il est évident que notre solitude grandit
avec notre idéal; mais avec notre idéal nos
capacités de bonheur grandissent aussi, de
sorte que notre âme enrichie, peut, même
dans l'arrière-saison, goûter des joies que lui
a refusées son jeune printemps.

Rien n'est personnel comme le bonheur;
chaque âme est faite pour un bonheur qui lui
est particulier; souvent elle met toute une vie
à le découvrir, car il est plus difficile de nous
abandonner aux dieux intérieurs dont nul
autre que nous ne sent la présence, que de

nous adapter aux formes conventionnelles du bonheur.

Cependant il arrive qu'à peine entrevu « notre bonheur » nous est enlevé, nous devons alors apprendre à découvrir et à aimer aussi d'autres bonheurs, car, il vaut mieux vivre infirme que de ne pas vivre; et sans doute le courage qui fait marcher le boiteux exalte-il plus la vie que l'allure triomphale de celui que rien n'entrave.

Vivre est une souffrance, mourir en est une autre; mais vivre est une souffrance féconde, tandis que mourir est une souffrance stérile.

Ne craignons pas les rêves ambitieux : il faut attendre beaucoup de la vie, puisque nous sommes faits pour le bonheur. Comme l'eau de la fontaine qui remonte à son niveau, notre effort vers l'idéal atteindra la hauteur de nos rêves. L'eau de la fontaine part d'un jet puissant et vise le ciel; mais, arrêtée par le poids de l'atmosphère, elle s'éparpille et retombe en mille gouttelettes fécondes sur la terre aride. L'effort monte, et se brise, mais de son propre échec il fait des agents utiles au bien de l'humanité. Vouloir le ciel et retomber sur la terre, voilà notre destin;

mais en y retombant, aider d'autres à vivre,
à vouloir, à s'élever à leur tour.

Tenir emprisonné dans son âme un torrent
de vie et faire qu'il ne déborde ni ne tarisse,
voilà le devoir ! devoir rude qui exige une
dépense considérable de sagesse et de force.

NOS DÉCEPTIONS

NOS DÉCEPTIONS

D'aucuns prétendent que les déceptions étant inhérentes à la vie, il ne faut pas les prendre au tragique. Avec quelle facilité, en effet, la plupart des hommes ne s'accommodent-ils pas de la médiocrité générale ! Le succès les étonne et non les échecs. En cela peut-être font-ils preuve moins de courage que d'inaptitude aux beaux espoirs et aux nobles désirs.

Pour les êtres supérieurs qui ont pris, dès leur enfance, le goût et l'habitude du beau, qui croient à la possibilité de réaliser l'idéal

tel qu'ils le sentent vivre en eux, la résigna-
tion est plus malaisée ; une déception est
toujours pour eux une troublante énigme,
elle prend même souvent l'aspect d'une catas-
trophe irréparable.

L'être noble croit naturellement, et parce
qu'il croit il donne ; il donne sans réserve,
non pas son temps, ses forces, son dévouement, mais son trésor sacré, le meilleur de
lui-même, la bonté intime et tendre des heures
suprêmes. Il donne tout cela comme on donne
sa vie pour sauver une autre vie. Et après
avoir donné, il ne lui reste rien, car en donnant, il s'est anéanti en autrui. Jamais cependant il ne s'est senti plus riche, car il lui est
plus précieux que la vie de voir une âme renaître et s'épanouir.

Il a cru, non pas aveuglément, non pas
que l'objet de sa foi fût sans tache, mais
parce qu'un jour vient où il faut croire sans
restriction, se donner sans réserve. La vie
de l'âme est à ce prix.

A travers les ivresses et les déchire-
ments du don absolu, le but immuable de
l'élargissement de la vie se poursuit. Ce
don sacré et tragique est la condition de la
supériorité morale ; vouloir l'éviter revien-

drait à vouloir épargner à l'or la flamme qui le purifie.

En effet il importe plus de valoir, que d'être heureux. C'est le don complet de soi, don méconnu, peut-être, qui fit la grandeur de Jésus, et c'est dans la mesure où nous risquons le meilleur de notre âme que nous la verrons se développer. L'homme économe conserve son bien, le grand spéculateur seul a chance de faire fortune.

Cependant si de nobles ambitions nous commandent de lancer sans calcul notre barque sur l'océan des grands sentiments, au risque de tout gagner ou de tout perdre, la sagesse nous propose le moyen de sauver notre foi du naufrage de nos rêves.

En obéissant à l'ordre intime qui lui ordonnait le don sans réserve, l'âme a fait preuve d'obéissance et de grandeur ; en endurant l'écroulement de ses rêves aux prises avec la réalité, elle montre sa foi et son courage ; il lui reste à apprendre une dernière leçon, celle de la sagesse, qui discerne l'exacte valeur des choses.

Il ne s'agit pas de moins souffrir, mais d'éviter les souffrances stériles ; ni de moins aimer, mais de mieux connaître ceux que nous aimons, afin de ne plus commettre la double erreur de leur demander ce qu'ils ne peuvent donner, ni de leur offrir ce qu'ils ne sauraient recevoir. Le discernement ne diminue pas l'amour; il l'éclaire, car il lui fait connaître la qualité de ses dons et lui apprend à les proportionner aux besoins d'autrui. Si l'amour devait forcément être aveugle, il ne serait qu'un leurre; mais il est la bonté suprême qui comprend d'autant mieux que sa vue est plus nette, et qui aime davantage à mesure que sa pitié grandit. L'âme doit savoir ce qu'elle donne et à qui elle le donne; elle doit aussi savoir ce qu'elle possède et ce qu'elle conserve.

Le mot « déception » sous-entend le mal que nous ont fait les autres; mais songeons aussi à la part que nous-mêmes avons à nos propres déceptions. C'est ainsi que, dans certaines de nos déceptions, la douleur d'une affection perdue s'accompagne de sentiments plus mesquins, froissement d'amour-propre, humiliation, envie peut-être, habituel cortège du malheur qui n'est pas encore sorti des limbes de l'égoïsme. Ces scories tomberont d'elles-mêmes à mesure que l'amour se purifiera, et l'âme, après son sa-

crifice, se redressera ennoblie et pour toujours héroïque.

Donner est une joie. Nombreux sont ceux
qui donnent pour s'obliger eux-mêmes, bien
plus que pour soulager autrui. Le besoin de
donner est souvent signe d'égoïsme, de faiblesse, tandis que savoir refuser suppose un
esprit de sacrifice et la possession de soi.
Il ne faut pas donner toujours, il ne faut
donner qu'à ceux qui ont besoin, et il y en
a moins qu'on ne le pense; rares sont ceux
qui savent recevoir. Il ne faut pas donner à
tous ceux qui demandent, car beaucoup demandent par habitude, sans nulle intention
de se servir de ce qu'on leur donne. Il faut
donner, non quand le cœur déborde, mais
quand la disette des autres nous commande
de leur venir en aide; non parce que nous
sommes riches, mais parce qu'ils sont pauvres.
Dieu ne nous demande jamais de notre
superflu; il nous demande notre nécessaire.
Car, si donner est une joie, c'est une joie qui
implique un sacrifice. Si nous sommes déçus,
c'est que nous donnons mal, car le don dé-

sintéressé n'a pas à craindre l'ingratitude:
il lui échappe.

Qu'est-ce que la déception? La douleur
ressentie en ne trouvant pas dans les êtres
ou dans les choses ce que nous en avons
attendu. Sont-ils coupables d'être ce qu'ils
sont? Non! En tous cas ils ne le sont pas
vis-à-vis de nous. Mais c'est certainement
notre faute vis-à-vis d'eux de ne pas avoir
su les comprendre et les voir tels qu'ils sont.

Nous serons toujours déçus tant que nous
ne nous serons pas dépouillés de notre
égoïsme. Nous sommes là pour les autres,
et Dieu est là pour nous. Ne nous préoccupons donc pas de recevoir, mais seulement
de donner.

Donner ne signifie pas toujours se donner.
On peut donner dans l'inertie, on peut donner
en refusant, on peut donner en prenant; le
plus beau don est celui d'une patience cons-
tante, désintéressée, et en apparence inutile.
Tout ce que nous faisons, même inconsciemment, pour enrichir, soulager, faciliter, ou
simplement pour éviter d'appesantir la vie
des autres, est un don, le seul don qui ne
peut jamais décevoir.

Sachons discerner la valeur réelle de la
valeur apparente des bonheurs et des mal-
heurs que nous apporte la vie ; nous appren-
drons ainsi à gouverner nos émotions, et nous
maintiendrons notre équilibre moral.

Souvent le trop grand besoin d'affection
des cœurs sensibles les expose à attacher
aux sentiments une importance trop intense,
non pas toujours que ces sentiments soient
peu sincères, mais parce qu'ils sont faibles et
incapables de répondre à ce que nous attendons. Quand une telle affection se brise, ne
laissons pas la douleur et les regrets consumer en nous la force vitale.

Savoir descendre au fond de l'âme, n'est
pas toujours la marque d'une âme profonde ;
il est des êtres qui, tout en comprenant très
bien, en visant très haut, manquent de force.
Ils rêvent, sentent, disent l'idéal, ils ne le
vivent pas, le reflet de l'idéal est sur eux.
Malheur à qui s'y laisse prendre, il boira
jusqu'à la lie la coupe amère des déceptions.
Il faut les croire, car ils sont sincères, les
aider, car ils sont faibles, les aimer, car ils
sont aimables ; mais il ne faut pas s'appuyer
sur eux. Incapables d'action, ils se dérobent
à la première difficulté et vous font défaut,

non par manque d'affection, mais par manque
de résistance. A de tels êtres il faut donner
sans cesse, et ne jamais demander. Ils n'y
peuvent rien : leurs facultés de dévouement
se sont ankylosées comme des membres dont
on ne se serait jamais servi. Dès que nous
sollicitons d'eux un service, un encourage-
ment, ils nous regardent surpris, presque ef-
farouchés, comme à l'approche d'une épreuve
qui dépasse leurs forces, et ils cherchent autour d'eux une issue qui leur permette de
nous échapper.

Nous avons commis une première erreur, en
leur demandant ce qu'ils ne peuvent donner,
une seconde, plus grave, en leur tenant rigueur de ce qu'ils ne nous le donnent pas ;
nous en commettons une troisième, désas-
treuse, en nous désespérant d'une déception
qu'un peu de sagesse eût suffi à nous montrer inévitable.

Ne permettons jamais aux circonstances
d'user notre cœur, défendons-le avec énergie contre l'amertume et le découragement
et, s'il faut sacrifier une joie, ne laissons du
moins pas se perdre le bienfait qu'elle nous
a valu en augmentant en nous la vie.

Si profonde que soit notre science du cœur elle ne suffit pas toujours à nous faire éviter les écueils ; il arrive aux plus sages de se tromper et de devoir passer par la dure école de l'amour qui se reprend.

Il est relativement facile de se donner, puisqu'en se donnant l'âme obéit à son penchant naturel ; elle accomplit sa véritable destinée, elle va dans la direction du bonheur; c'est un acte spontané qui ne demande ni sagesse, ni volonté, ni courage. Pour se reprendre, au contraire, il faut faire violence à la nature, marcher à la rencontre du malheur. Cet acte exige le plus grand effort dont nous soyons capables.

Les natures faibles s'épuisent; elles ne se reprennent jamais, parce qu'elles sont incapables d'accomplir l'acte volontaire que conseille la raison ; elles ne connaissent que l'acte obligatoire qu'impose le destin. Aussi, devant l'évidence, s'empressent-elles de fermer les yeux; elles se laissent leurrer de mensonges et refusent de voir jusqu'au jour où elles se révoltent et s'aigrissent, rejetant sur son objet toute l'amertume du sacrifice qui leur est imposé.

Mais se reprendre, ce n'est pas se révolter,

c'est renoncer à s'abandonner, résister aux
attendrissements d'un cœur que le bonheur
avait rendu trop sensible peut-être, pour
rentrer en soi-même, reprendre des habitudes
plus austères, et ne trouver désormais son
point d'appui qu'au centre même de son
âme.

Cette reprise de possession de soi-même
ne doit pas être un acte de vengeance mais
de haute raison; il ne doit pas se faire au
préjudice de celui à qui nous reprenons, mais
dans son intérêt. Nous ne voulons pas le
punir, mais l'empêcher d'exploiter. On renonce aux joies de l'amour mais non à ses
obligations.

Celui-là seul peut se reprendre qui se possède véritablement, qui ne dépend pas uniquement de ses sentiments, quelque précieux
qu'ils lui soient, mais de la flamme invariable
du sanctuaire dont son amour ne fut qu'un
des rayons.

La qualité de l'amour ne dépend jamais
de celui qui l'inspire, mais de celui qui le
ressent. Si, après avoir été aimé, tu cesses
de l'être, il n'y a dans ce changement rien

d'étonnant ni d'humiliant pour toi, car ce ne sont pas tes mérites qui étaient insuffisants, mais bien la force d'âme de celui qui t'aimait.

Certains êtres dépourvus de toute beauté morale et physique n'en sont pas moins aimés, parce que le hasard leur a fait rencontrer une âme capable d'un sentiment fort. D'autres, en revanche, parés des plus beaux dons, ne connaissent qu'abandon et traîtrise.

Mais le bonheur que t'a donné l'amour, simple illusion peut-être et vite évanouie, n'en a pas moins été le bonheur et te rapportera à toi qui l'as ressenti, les mêmes avantages qu'une félicité plus véritable.

Qu'importe que ce soit le sable ou le roc qui portent nos pas, s'ils nous ont permis de gravir le sommet d'où nous pourrons contempler un horizon plus large et respirer un air plus vivifiant ?

Le bonheur ne nous vient jamais des êtres, il nous vient toujours de Dieu qui nous l'envoie à travers le divin qui est en nous; et plus il y aura de divin en nous, plus nous aurons de chance d'être heureux. En vain serons-nous aimés et compris par un être d'élite, si nos facultés ne nous permettent pas de sentir notre privilège.

Quand donc l'amour qui faisait notre joie nous quitte, ne maudissons pas la faiblesse de celui qui nous l'a ravi, mais bénissons le Maître du bonheur d'avoir daigné nous en accorder une parcelle. La qualité de notre bonheur n'est pas altérée, parce que la cause en était moins digne, et le souvenir qui nous en reste ne perd rien de sa beauté pour avoir reposé sur une illusion. C'est nous qui ternissons un bienfaisant et noble souvenir en y mêlant nos petites rancunes d'amour-propre froissé et d'ambitions déçues. Il faut prendre le bonheur comme une belle journée d'été dont rien n'explique la venue ni ne garantit la durée, mais qui nous réchauffe et nous fortifie tant qu'elle dure. Soyons-en reconnaissants comme d'un don gratuit et inespéré.

Le bonheur ou l'amour nous ont dévoilé le point fixe et stable de la force intérieure; en se prolongeant, ne risqueraient-ils pas de nous affaiblir, et de nous détourner de notre but essentiel : l'initiation à la joie haute du sage ? Car le but du bonheur n'est pas de nous donner l'ivresse, mais de nous élever par l'ivresse à une idée plus grande de la beauté !

Ne demandons jamais le pourquoi du bonheur, ni du malheur : nul ne nous répondrait. Ceux qui furent pour nous les messagers des jours heureux ou des jours tragiques n'en savent rien. Si nous les interrogeons et qu'ils soient bons, ils souriront ou pleureront des conséquences de leur intervention involontaire dans notre destinée ; s'ils sont égoïstes, ils s'en iront sans répondre et n'y penseront plus. Vous donc qui êtes sages, ne vous adressez pas aux hommes, pour les bénir, ou les maudire, mais regardez plus loin par-dessus leur tête, vers l'universel destin ; car lui n'ignore pas, et il est là tout prêt à nous éclairer.

Il faut pouvoir raidir son âme comme son corps, pour supporter sans faiblir une douleur intense et inévitable. De même que nous pouvons entraîner notre corps à endurer sans danger toutes les intempéries, nous pouvons aussi entraîner notre âme à endurer toutes les douleurs sans désespérer.

LA FRAUDE

LA FRAUDE

———

Nous vivons dans le règne du faux. Il a tout envahi : les sciences, la politique, l'industrie, l'art, la morale et la religion. L'air que nous respirons est falsifié, l'univers que nous contemplons n'est qu'apparence. Les hommes se trompent eux-mêmes en étouffant leurs aspirations véritables. Ils se trompent entre eux, en affichant une richesse, un bonheur, des sentiments qu'ils n'ont pas. Ils essaient de tromper Dieu par un culte menteur.

A côté de la fraude qui régit le monde de l'égoïsme, il est une fraude plus grave, qui pénètre dans le sanctuaire et porte atteinte aux objets sacrés de nos affections et de nos croyances, c'est celle que commettent les honnêtes gens, les amis de la vertu, soi-disant en faveur de la vertu. Et au milieu de ce chaos, l'âme, qui ne peut vivre que de vérité, cherche vainement un lieu où reposer sa tendresse fatiguée.

En effet, un des plus grands torts que nous puissions faire à la cause du bien, c'est de l'abaisser pour la mettre à la portée du premier venu. Autant dorer au pinceau un marbre de Michel-Ange pour en rehausser l'effet, que de flatter le bien pour le rendre plus attrayant aux yeux de ceux que son austérité effraye.

Le bien est une valeur établie que toute qualité d'effet diminue ; les prosélytes que l'on gagne à ce prix ne sont que des mercenaires. La vérité ne peut vivre que nue, ou elle n'est rien ; tant pis pour ceux qu'elle scandalise ; délaissée elle n'en poursuit pas moins son but : affirmer la beauté intégrale. S'il est deux choses à jamais inconciliables, c'est le bien et le mensonge. Le bien peut prendre toutes les formes, sauf une : l'apparence. Un vice sincère est moins éloigné du bien qu'une vertu factice.

Si la découverte du mensonge dans le monde constitue, pour les âmes droites, une des expériences les plus tragiques, cette expérience devient mortelle quand elle se produit dans le domaine sacré du divin. Ce qui répugne le plus au cœur sincère, ami de la vérité, ce n'est pas le mal qui s'étale, mais les trafics à bonne intention des zélateurs du bien. Ils gâtent le marché en vendant à bas prix, pour satisfaire les petites bourses, des perles dont ils ignorent la valeur, et ils encombrent la voie de l'idéal en propageant sans discernement les demi-vertus, les esprits partagés et les âmes tièdes. A quoi sert-il de gagner des légions, si l'on ne suscite pas un homme? de remplir les églises, si l'on vide les âmes ? Ils nous promettent des sentiers unis, mais Jésus avoue n'avoir pas un lieu où reposer sa tête.

Ce n'est pas rendre service à un être que de mettre à sa disposition une vertu qu'il ne désire pas, dont il ignore la portée et à laquelle il n'a jamais mesuré ses forces, car il finira toujours par découvrir que le poids en est trop lourd pour ses épaules ; il s'empressera alors de la déposer pour ne plus la reprendre, et perdra dans cette fausse

expérience, le goût même du bien qui, à
un moment donné, avait pu germer dans
son cœur. Rien n'est funeste comme le re-
pentir de la vertu, et le désenchantement
du devoir. Judas croyait faire fortune en s'en-
rôlant comme disciple du Christ ; il se trom-
pait, et sa déception en constatant l'austérité du bien, fut la cause de son infamie. Il
est plus grave qu'on ne le pense d'engager
quelqu'un dans la bonne voie. « Pouvez-vous
faire ce que je fais ? » disait Jésus. Soyons
honnête dans le bien, surtout dans le bien,
parce qu'il est le bien, car mieux vaut ne
jamais faire un prosélyte que d'exposer une
seule âme aux conséquences irréparables
d'une déception dans la foi.

Non, la vertu ne rapporte rien de ce que
vous pensez. Elle est une souveraine qui
veut être servie gratuitement, par de nobles
seigneurs. Tous ceux qui cherchent dans le
bien la récompense seront déçus.

Je sais qu'à certaines réputations de sain-
teté s'attache le sourire d'une immuable
bienveillance, qui doit donner à connaître
l'imperturbable béatitude de l'âme. J'ai vu
souvent de ces sourires, mais je n'ai jamais
cru à ces joies : le bonheur vrai est grave,

plus discret et plus silencieux ; il se suffit à
lui-même comme tout ce qui est profond ;
point n'est besoin pour lui de rechercher la
faveur au dehors.

La vertu est un acte d'héroïsme et de suprême désintéressement, auquel beaucoup
aspirent, mais que bien peu savent accomplir. Elle n'a qu'une récompense, une seule :
elle affranchit ; elle donne la tranquille assurance de la force qui a vaincu et que rien
désormais ne peut ébranler ; de l'esclave
elle fait un roi.

🙶

Pourquoi vouloir paraître meilleur que l'on
n'est ? Ce qui fait la valeur d'une âme, c'est
bien moins le nombre de ses vertus que sa
sincérité. Une âme vraiment grande est
celle qui ose être vraie dans ses qualités
comme dans ses défauts. Le franc aveu de
notre pauvreté ne nous élève-t-il pas à la dignité du riche ?

Le désir du bien est une chose excellente,
mais il serait téméraire de le confondre avec
la réalisation du bien. Pour le désirer, il
suffit d'avoir un cœur bien disposé : un
cœur longtemps éprouvé, seul, le réalisera.

Ainsi je puis désirer le renoncement, me
priver volontairement de ce qui m'est
agréable et vaincre toutes les révoltes et les
découragements de ma nature réprimée,
pour favoriser en moi l'éclosion de cette
vertu. Aurai-je pour cela appris le renoncement ? non. Mais si au cours de la vie je
découvre que les choses que je convoitais
n'ont pas, quand on les possède, le prix
qu'elles paraissaient avoir, j'en perds l'envie
et m'en détache naturellement. Ce renoncement n'est plus un rêve de ma bonne volonté,
mais une réalité de mon expérience ; il fait
partie de moi-même. Il en est de même des
autres vertus : nous ne possédons que celles
que nous avons vécues, les eussions-nous
mille fois désirées toutes.

Je me souviens avoir découvert toute la
beauté du vrai au fond d'un admirable regard d'enfant : ce regard ne condamnait rien,
ne voulait rien, ne savait rien ; il venait des
régions très pures de la nature primitive,
dont il avait la sagesse et la bonté ; partout
où il se posait, il répandait la lumière, le
mal ne fuyait pas sous le rayonnement de
sa limpidité tranquille comme devant un
juge, mais le méchant devenait bon, car sou-

dain, lui aussi, il comprenait. Devant ce regard il eût été impossible de mentir, non
parce qu'il aurait pu deviner votre déloyauté
— il était incapable de voir ce qui est laid —
mais parce que sa clarté absorbait toutes
les ombres. Cependant ce regard n'était pas
celui d'un ange ; l'enfant avait ses défauts,
mais il savait être vrai dans le bien comme
dans le mal, dans son amour comme dans
ses colères, dans ses paroles comme dans
ses mouvements ; sa beauté était le reflet
de cette sincérité parfaite devant laquelle
tout doit s'incliner parce qu'elle est le signe
du divin.

Dans nos œuvres comme dans notre âme,
rien ne peut subsister sur la base du mensonge. Eussions-nous toutes les vertus du
monde, nous ne pouvons être bons et heureux que lorsque nous sommes sincères, et
nos œuvres ne seront efficaces et belles que
lorsqu'elles émaneront d'une expérience intérieure intensément vécue.

La vie moderne, essentiellement superfi-
cielle, parce qu'elle redoute l'effort et se
nourrit de sentiments de surface, ne nous

propose que des créations artificielles qui
excitent nos sens, mais sont incapables de
nourrir nos âmes.

Ce n'est pas en allant au hasard surprendre la vie qui passe, pour en fixer plus
ou moins fidèlement l'image, que nous obtiendrons un art original et fécond : c'est
en nous donnant pour ce que nous sommes,
et en tâchant de valoir beaucoup, pour pouvoir donner beaucoup.

꽃

Que de gens vivent d'un mensonge qu'ils
ont reconnu et qu'ils n'ont cependant pas eu
le courage de sacrifier.

La sincérité est la pierre de touche à laquelle on reconnaît la valeur morale d'un
homme. Chez quelques-uns, ce besoin du
vrai est si puissant qu'il ne leur accorde de
repos qu'après les avoir contraints d'éprouver toutes choses par eux-mêmes. Or il faut
une grande force et une foi inébranlable pour
résister aux déceptions qu'entraîne l'examen
approfondi de la vie. Ce n'est qu'après avoir
passé par tous les doutes et s'être trouvé
en présence du néant, que ces adorateurs
passionnés du vrai trouvent enfin la vérité

intérieure qui, seule, peut satisfaire les exigences impétueuses de leur âme.

🙰

Pour nous soustraire à la contagion du mensonge et retrouver notre nature sincère, celle qui est au fond de tous les cœurs, mais que bien peu avouent, il faut avoir le courage de se mettre en face de soi-même, en faisant, ne fût-ce qu'un instant, abstraction de tout ce que les exigences de la vie, les obligations religieuses et morales, les influences étrangères ont produit en nous de raisonné, de voulu, de contraint, artifice que nous prenons pour notre « moi » véritable et qui n'est que notre « moi » apparent, que nous croyons indispensable à notre salut, et qui en est la principale entrave.

Enlevons le masque, montrons-nous tels que nous sommes, avec nos désirs et nos mouvements spontanés, nos conceptions naïves, tels que nous serions, si nous n'avions pas à ménager les autres, ni à rendre compte d'aucune des choses qui se passent en nous, tels que nous sommes quand nous sommes seuls, quand nous sommes simples, tels que nous étions quand nous étions enfant. Et

lorsque nous avons découvert en nous ce
véritable terrain, cultivons-le, car c'est de
lui seul que peuvent germer les racines de
nos vertus et la floraison de toutes les joies.

※

Le bien doit être un acte spontané que
nous accomplissons sans arrière-pensée,
sans effort, comme la respiration qui résulte
du fait que nous vivons.

Pour « devenir » l'effort a été nécessaire;
pour « bien faire » il suffit de laisser vivre
son nouveau moi. Ce bien ne lasse pas, il soulage, comme la fleur en s'épanouissant complète la destinée de la plante. Il peut rayon-
ner d'une façon égale et continue, parce qu'il
repose sur une réalité intérieure, il est le
fruit d'une richesse naturelle.

Le bien voulu au contraire, en exigeant
de nous un continuel effort, en nous obli-
geant à dire et à faire des choses, que nous
croyons devoir être, mais qui ne répondent
pas à un besoin intérieur, nous use, parce
qu'au lieu de reposer sur une réalité, il ne
repose que dans l'artificiel, le vide.

Ce bien peut nous donner un éclat momen-
tané, comme l'étincelle produite par le choc

des éléments, il ne nous donnera jamais le rayonnement tranquille, involontaire et harmonieux d'une clarté que Dieu lui-même entretient.

Ce bien voulu, outre qu'il nous use, constitue pour nous un grand danger : il nous aveugle sur nous-mêmes et propage dans le monde l'hypocrisie inconsciente.

Pour éviter cet écueil, hélas si répandu de nos jours, parce qu'on a voulu forcer le bien, nous devons tout d'abord renoncer à nous représenter le bien sous la forme d'un idéal quelconque, puis nous défaire de l'habitude que nous avons prise de vouloir copier cet idéal. Ne nous préoccupons plus de ce que nous devrions être pour en imiter les gestes, mais comprenons ce que nous sommes et vivons-le.

Le résultat que nous obtiendrons sera peut-être moins conforme à notre idéal, mais il sera plus fort et plus beau, parce qu'il sera plus vrai.

LES EXCEPTIONS

LES EXCEPTIONS

Le mensonge n'a pas toujours sa source dans un manque de droiture du cœur. Il est des êtres très sincères, très bien intentionnés qui mentent par excès d'imagination (le cas est fréquent chez les enfants), ou par habitude, par négligence, par crainte et même par nécessité. Ce mensonge obligatoire, le plus tragique de tous, est dû à la sévérité et à l'étroitesse des jugements humains. En effet, comment être vrai, quand on n'est pas libre ? Et comment être libre dans une société où chaque manifestation de la vie est classée

d'avance ? Votre vérité a-t-elle la bonne fortune de s'adapter à une des formes courantes,
tout est bien, vous avez le droit de vivre ;
mais cette vérité tombe-t-elle en dehors des
cadres usités, elle est condamnée ou à se
taire, se laissant ainsi passer pour ce qu'elle
n'est pas, ou à dénaturer son langage pour
le rendre accessible au public ; en sorte que
les intentions les plus pures se voient infailliblement trahies par l'empreinte du milieu dans lequel elles se manifestent. Seuls
les naïfs, ou les êtres trop grossiers pour
sentir l'effet qu'ils produisent, peuvent être
impunément vrais.

L'impossibilité de se faire comprendre,
d'une part, la crainte de la condamnation,
d'autre part, forcent certains êtres à dissimuler. Cette crainte n'est-elle pas justifiée
dans bien des cas ? On a beau vouloir être
franc, il faut encore tenir compte de ses
forces. Il y a des fardeaux dont l'homme
le plus brave ne doit pas se charger, sous
peine de succomber. Et la vérité, qui expose-
rait un être faible et sensible au mépris qu'il
est incapable d'affronter, est une erreur et
une faute.

Le mensonge, qui a sa source dans un

manque de force naturelle, est aussi excusable que celui auquel obligent certaines conditions sociales, car dans l'un, comme dans l'autre cas, les vrais auteurs de la fraude ne sont pas ceux qui mentent, mais ceux qui condamnent sans comprendre.

Aussi longtemps que nous ne serons pas assez sages pour nous rendre compte de notre ignorance, ni assez humains pour concevoir les difficultés d'autrui, il y aura forcément des menteurs sur la terre.

Notre esprit a été tellement imbu de règles, qu'il a perdu la faculté de juger d'une façon naturelle et primesautière; il ne considère plus l'homme dans son individualité, mais d'après un modèle établi; esclave de la mode, il n'admet que le « dernier cri ». Nous avons la manie de comparer, de généraliser. Dieu cependant n'a pas créé les choses par rapport des unes aux autres, mais par rapport à une vérité invisible que nous ignorons ; la règle n'exclut nullement l'exception, mais il est des exceptions qui annulent la règle. L'anormal, comme le normal, a sa raison d'être dans le grand problème de la vérité; s'il nous paraît étrange, c'est sans doute que nous avons la vue courte.

S'il est beaucoup de choses dans l'ordre
moral et matériel que nous ne pouvons comprendre, il n'en est pas une, en dehors de
l'égoïsme, que nous ayons le droit de mé-
priser. Il suffit du reste de considérer avec
quelque attention ce que nous allions rejeter
comme suspect, pour voir s'ouvrir aussitôt
sur le grand inconnu mille portes mystérieuses et révélatrices.

Au fond de tout mépris, il y a de l'orgueil,
et le zèle que nous dépensons à redresser
l'humanité ne sert souvent qu'à rehausser
nos propres vertus. Les cœurs sont divers,
diverses les vérités qui se trouvent dans
chaque cœur ; quelle que soit notre clairvoyance, nous n'en verrons jamais qu'une
partie infime. La justice la plus vaste ne
peut tout prévoir ; il y a des cas qui sont
hors la loi. Comme il se trouve, dans chaque
temple, un sanctuaire consacré au mystère, il
devrait y avoir dans chaque âme, une place
pour l'inexplicable ; ce n'est qu'à cette condition qu'elle maintiendra son équilibre sous
l'immense rafale des courants contraires.

Au lieu de proclamer la justice sur les
montagnes, allons donc le long des sentiers
obscurs trouver l'humble demeure des mé-

prisés, et sachons, dans leur malheur, faire la
part de leur ignorance, et dans leur mensonge, celle de leur incapacité. Certes il
serait préférable qu'il n'y eût jamais dans
aucune demeure aucun coin qui ne fût éclairé,
mais, prenons-y garde : n'est-ce pas la
malice de nos yeux, plutôt que l'imperfec-
tion humaine, qui parfois rend l'ombre nécessaire ? car l'ombre ne sert pas uniquement
à dissimuler le mal qui fait honte, mais aussi
à protéger le bien qui n'est pas compris ; il
devient tour à tour la cachette des biens illi-
cites, et l'abri des trésors inappréciés. Plus
nos yeux s'ouvriront, plus la demeure de
tous les hommes pourra s'éclairer.

Au lieu de juger et d'agir d'après des jugements, presque toujours erronés, nous
devrions nous appliquer uniquement à supporter, à comprendre et à aimer.

Ah ! si l'humanité pouvait comprendre ou,
à défaut de comprendre, s'abstenir de pro-
noncer ses jugements, que de cœurs nous
verrions s'ouvrir, de vies se redresser et de
consciences s'affirmer ! Délivrés du joug de
notre intransigeance, les méprisés oseraient
enfin sortir de leurs retraites forcées, pour
nous dire les secrets de leurs âmes silen-

cieuses et nous apprendre à mieux voir, à
mieux comprendre et à mieux aimer ! Nous
nous étions cru en présence d'une armée
ennemie et voici, qu'à peine le voile sou-
levé, nous n'apercevons plus qu'une légion
de malheureux.

LA PATIENCE QUI SUPPORTE

LA PATIENCE QUI SUPPORTE

———

La création est composée d'un ensemble de
forces qui subsistent, s'équilibrent et crois-
sent en se soutenant. Sans la terre qui porte
l'arbre, la branche qui berce le nid, nos forêts seraient restées dépeuplées et silencieu-
ses. De même, dans l'ordre moral, nos âmes
ne peuvent se former ni nos vertus éclore,
que sur la base d'une patience mutuelle.

La vertu par laquelle nous nous supportons les uns les autres repose, comme tout
ce qui est véritable, sur un sacrifice; tout
contact d'homme à homme suppose un effort,

souvent une souffrance, auquel nul ne peut se
soustraire, sous peine de rétrécir son horizon
et d'endurcir son cœur.

Il est une solitude légitime où nos âmes,
avides de communion avec l'infini, ont le
droit de se retirer, et une solitude égoïste
qui n'est que le refuge de nos lâchetés.

La patience est une qualité passive que le
monde n'apprécie guère, car il n'admet que
les forces capables de produire des effets
apparents. Cependant, pour obtenir une victoire, le concours de nos qualités passives
est aussi indispensable que celui de nos qualités actives ; il n'est pas possible d'avoir du
talent sans persévérance, de l'autorité sans
abnégation, du courage sans maîtrise de
soi. Une qualité passive demande même plus
de temps pour se former dans le silence, qu'une
qualité active stimulée sans cesse par un résultat visible.

La valeur d'une qualité se mesure à sa
sincérité, mais sa force n'est appréciable qu'à
sa durée, et, de toutes les vertus, c'est la
patience qui demande l'effort le plus pro-
longé et le plus soutenu.

L'art de supporter est une force qui s'élabore en nous, à mesure que nous apprenons à

sortir de nous-mêmes et à comprendre les autres, à exercer notre patience et à élargir notre horizon. C'est la sagesse qui sourit aux petites choses et contemple celles qui, seules, sont dignes de nous émouvoir. C'est le tact qui discerne le moment psychologique et devine les intentions secrètes, qui ménage les côtés faibles et détourne l'orage.

L'art de supporter c'est la bonté qui épargne à la coupe de son frère la goutte débordante, qui enlève de son chemin la pierre d'achoppement, qui sait dire en passant le mot qui redresse et aussi se taire, pour laisser s'éloigner la pensée inopportune. L'art de supporter est le renoncement de l'humble serviteur, toujours prêt à se charger du fardeau inévitable.

Celui qui supporte est un héros silencieux; jamais il ne donne lieu au mal, toujours il favorise le bien; on ne sent point sa présence, et cependant il est actif partout; l'humanité a l'air de se passer de lui, et c'est lui qui, en la soutenant, la fait vivre.

La patience est le grand agent de la paix; semblable au mortier, elle tient réunies toutes les pierres de l'édifice social; dans le monde, dans la famille, partout où deux êtres sont appelés à vivre ensemble, fussent-ils pareils

et profondément attachés l'un à l'autre, ils
se tortureraient bientôt mutuellement sans
la patience. C'est donc à cette vertu que nous
devons ce que nous avons de meilleur sur la
terre : la possibilité de nous rapprocher, de
nous comprendre et de nous aimer parfois
encore.

La patience est une vertu qui s'acquiert
par petites doses, de sacrifice en sacrifice, et
qui finit par nous rendre capables de supporter, même à la longue, une charge dix fois
supérieure à nos forces naturelles.

❦

Les uns vont au-devant de l'humanité avec
l'idée d'en profiter, les autres veulent la ré-
former ; elle, cependant, demande simplement
qu'on la supporte. Nous ne sommes pas appelés à juger les hommes, mais à vivre parmi
eux, en restant purs et aimants ; car ce n'est
qu'en les supportant tels qu'ils sont, que nous
leur donnerons le temps et l'occasion de devenir tels qu'ils doivent être.

Du reste peut-on vraiment changer une
âme ? Les hommes qui sont médiocres le
restent généralement toute leur vie, quelques
bons exemples qu'ils aient eu sous les yeux ;

tout ce que nous pouvons faire pour eux est de
les empêcher, autant que possible, de se nuire
eux-mêmes et de nuire aux autres, en atten-
dant que l'expérience de leur vie en apparence
stérile, porte peut-être ailleurs ses fruits.
Ceux qui sont nobles restent nobles au milieu
des circonstances et des influences les plus
défavorables ; ils restent nobles même dans
leurs erreurs et dans leurs fautes, tant il est
vrai que notre valeur réelle réside bien loin
du monde visible de nos actes.

Nous agirons sur l'humanité en tant que
nous aurons su la comprendre et la supporter
sans perdre courage.

※

Parmi les êtres que nous sommes appelés
à rencontrer dans la vie, il est des âmes
bienfaisantes que Dieu nous envoie comme
des rayons d'une patrie meilleure, mais il en
est aussi de fâcheuses que je désignerai sous
les noms d'âmes *étrangères*, d'âmes *contraires* et d'âmes *mendiantes*.

Les âmes *étrangères* sont celles qui, différentes de la nôtre par leur essence même, ne
peuvent entrer en contact avec elle. Il se passe
entre elles et nous ce qui se passe entre per-

sonnes de langues différentes : l'obstacle est
en quelque sorte matériel, mur d'autant plus
infranchissable qu'il n'a pas été élevé par la
volonté. Dussions-nous partager toute l'existence de ces êtres-là, les étreindre mille fois
entre nos bras, jamais aucun rapprochement
ne sera possible. En présence d'une âme
étrangère il faut renoncer à vouloir donner,
et se résigner à être inutile. Le plus sage
serait même de les éviter, car rien n'est
lourd comme le poids d'une existence dont
on ne partage pas la vibration et d'un
amour qui ne peut se répandre.

Toutefois, disons-nous bien que ce n'est pas
toujours en donnant que l'on s'enrichit et que
l'on enrichit les autres. Donner est la récompense du grand effort que nous avons fait
pour acquérir, donner est un devoir souvent
plus doux qu'utile.

Les âmes *contraires* sont en un sens
moins pénibles à supporter que les âmes
étrangères, car, loin de nous condamner à
l'inaction, elles sollicitent toute l'intelligence
et l'activité morales dont nous sommes capables. Ici il ne s'agit pas de s'asseoir résigné
au pied d'un mur inexorable, mais d'employer
toutes ses énergies à élever autour de soi un

rempart protecteur, car nous serions sans
cesse en butte à l'attaque et mille fois sur le
point d'être désarmés. Les âmes contraires
disposent d'une infinité de moyens pour
exaspérer nos défauts, pour toucher au
vif nos sensibilités et pour passer igno-
rantes sur nos trésors. Leurs attaques
sont dirigées avec tant de précision et de
raffinement en même temps que de can-
dide désinvolture, qu'il n'est pas possible de
les attribuer à la seule malveillance humaine.
A voir les choses de plus près nous sommes
obligés de reconnaître que les traits qui portent le mieux sont ceux que les hommes lan-
cent au hasard, bien moins dans le but de
nuire que pour se divertir. Il ne s'agit donc
pas de s'en prendre à eux, mais aux pouvoirs mystérieux qu'un démon ou un dieu a
mis en eux pour nous nuire ou nous éprouver.
Nos armes humaines sont impuissantes à détourner les flèches malignes, mais le bouclier
divin peut en amortir les coups, et nulle bles-
sure mortelle ne saurait atteindre celui qui
a su se ménager un abri invisible.

Il est des êtres dont l'atmosphère est si
contraire à la nôtre que leur seule présence
suffit à troubler notre harmonie intérieure,

11

nous empêchant littéralement de respirer et
d'étendre nos ailes pour gagner les hau-
teurs.

Si notre connaissance de la vie de l'âme
était plus éclairée, les erreurs qui obligent
des êtres aussi dissemblables à une vie commune seraient du reste exclues. Mais en at-
tendant ces temps meilleurs, supportons,
puisqu'il le faut, les insupportables même, et
cela sans nous roidir ni nous désespérer, mais
en ménageant à notre âme ses heures de dé-
tente et de réconfort. Sachons, à l'occasion,
fermer portes et fenêtres et ne montrer que
la façade, quitte à la rendre aussi attrayante
que possible ; car chez certains êtres le besoin
de tourmenter n'est que la recherche inconsciente d'un excitant de la vie, et leurs coups
se trouvent neutralisés, dès qu'ils se heurtent
à notre indifférence.

En présence des âmes contraires le secret
de savoir supporter se trouve dans un sentiment profond de justice, si, dans les souffrances qui nous viennent des autres, nous
savons faire la part de leur irresponsabilité ;
en cessant de leur en vouloir, nous enlève-
rons ce qu'il y a pour nous d'amer et d'irri-
tant dans l'exercice de la patience.

Il y a d'autres âmes qui ne nous approchent que pour recevoir : ce sont les âmes *mendiantes*. Le cœur ouvert, la main toujours tendue, ces êtres font sans cesse appel à nos dévouements, à nos sympathies, à toutes les forces qui sont en nous et même à celles que nous ne possédons pas ; et lorsqu'enfin, convaincus de leur misère, brisés de leurs douleurs, dans un élan de noble désintéressement, nous sommes prêts pour les secourir à tout sacrifier, ils s'en vont solliciter la sympathie du voisin, ou, absorbés soudain par un intérêt quelconque ils oublient jusqu'à l'existence même des trésors dont nous nous sommes dépouillés pour eux.

Ces âmes sont d'autant plus dangereuses qu'elles font appel à notre intime désir, qui est de donner, et qu'elles possèdent l'art de nous attendrir. On leur donne naturellement ; comment faire autrement puisqu'elles semblent en avoir un si grand besoin et vous implorent avec tant d'importunité. A les en croire, on leur sauve chaque fois la vie ; or, qui n'est flatté de sauver quelqu'un ? Du reste elles ont raison ; on leur sauve la vie, mais pour la leur voir reperdre le lendemain.

Pour découvrir les âmes mendiantes, il est

un procédé très simple : implorez-les à votre
tour, parlez-leur de vous-même, de vos
besoins de vos fatigues, aussitôt vous les
verrez s'effacer, non par manque de compréhension, elles comprennent tout, mais par
incapacité de faire un effort pour vous secourir. Un tel égoïsme vous révolte, vous
êtes décidé à les abandonner ; erreur, ce
serait une grande injustice ; il faut prendre
les gens comme ils sont ; seulement ne vous
avisez plus de compter sur eux à l'avenir,
laissez-les au contraire toujours compter sur
vous ; donnez encore, mais donnez à petites
doses, sans vous donner vous-même ; ne
vous laissez payer ni de paroles ni de larmes, faites la part de l'exaltation maladive;
prenez-les au sérieux, car elles sont vraiment à plaindre ; jamais au tragique, car
leur mal est toujours passager, et comptez
sur le temps pour redresser les choses qui,
sur l'heure, semblent irrémédiables ! Combien nombreux sont-ils, ces pauvres êtres
sans force ni volonté, qui parcourent le
monde pour solliciter de chacun le remède
au mal incurable de la vie que nous sommes
tous, hélas ! appelés à porter seuls !

Il n'aura pas été vain l'effort de notre vie,

alors même qu'il ne serait parvenu qu'à soulager quelques hommes en supportant pa-
tiemment leurs défauts, à en encourager
d'autres en leur donnant, durant un instant,
l'illusion de la guérison.

Toute la part de bonheur que nous avons
connue ici-bas et qui nous a donné la force
de vivre, n'est-elle pas faite des miettes
que certains êtres, doués d'un peu de patience,
d'un amour plus intelligent et d'une bonté
plus large, ont su répandre sur notre sentier ? Et l'existence humaine la plus riche
en apparence, n'est-elle pas soutenue en réalité par les quelques fils lumineux qui la rat-
tachent aux réalités invisibles et que les
hommes traitent d' « illusion » et de « folie ».

LE RESPECT DE L'AMOUR

LE RESPECT DE L'AMOUR

La loi de l'amour est une loi sacrée que Dieu a donnée à l'humanité pour favoriser l'épanouissement de son être intellectuel, moral et physique ; elle répond à ses plus vraies, à ses plus légitimes aspirations, et personne ne l'a jamais enfreinte pour le plaisir des sens ou sous prétexte de vertu sans causer à son âme un dommage souvent irréparable ; car ici l'excès de moralité qui fausse l'éclosion des sentiments naturels et légitimes est aussi coupable que l'immoralité qui dégrade.

On a pris de nos jours l'habitude d'attacher à l'amour l'arrière-pensée d'une faute.
Aux yeux de la plupart il représente une
chose usurpée, plus ou moins pure, plus ou
moins permise, inévitablement frivole. C'est
une concession que l'esprit fait à l'être inférieur, concession admise, excusée d'avance,
mais à laquelle néanmoins la conscience ne
consent qu'à regret, et dont il reste forcément un peu de honte. Le sourire malicieux,
complaisant, toujours équivoque qui surgit
dès qu'on parle de l'amour, prouve assez
qu'il ne peut être question ici d'un élément
de perfection. Semblable aux petits enfants
qui ne connaissent pas le prix des belles
choses, l'homme a fait un jouet du don suprême de Dieu. Sauf dans l'esprit exalté des
poètes, pour de rares idéalistes, et chez
quelques femmes, le respect de l'amour
n'existe plus. Cependant partout où cet idéal
n'est pas vénéré, le niveau de l'individu
baisse infailliblement et la décadence moderne n'est qu'une des conséquences trop
évidentes de la dépréciation générale de
l'idée de l'amour.

Quand un rêve d'amour veut éclore, au
fond d'un jeune cœur, on se hâte de l'étouf-

fer sous d'indéracinables préjugés, au nom
de l'importance capitale des intérêts matériels ou au profit de faciles plaisirs. Et beaucoup abdiquent en soupirant ! C'est qu'il est
parfois bien difficile de faire la part du vrai
et la part de l'exaltation au milieu du tu-
multe des aspirations naissantes. Malgré ce
qu'affirment les voix intérieures, comment lé-
gitimer ses aspirations au vrai pressenti,
contre l'influence de l'éducation, l'exemple
du monde et les obstacles de la vie ? Neuf fois
sur dix l'amour sincère, l'amour qui devait élever la pensée et ennoblir la vie de l'adolescent est sacrifié à des intérêts secondaires.
Il est évident que des parents raisonnables ne
pourront pas toujours consentir aux premiers
entraînements du cœur de leurs enfants ;
mais s'ils jugent le sacrifice nécessaire, ils
devraient au moins conserver le respect du
sentiment qu'ils immolent, et ne pas le dé-
précier sous prétexte d'en rendre le détachement plus facile. Du moment que l'amour
est sincère il est toujours digne de respect,
et c'est un crime de le chasser comme un
manant, alors qu'il demande à mourir en
héros. L'amour sacrifié au devoir reconnu
et que l'on a offert à Dieu comme un parfum,

laisse au fond de l'âme son souffle d'infini,
tandis qu'il endurcit à jamais le cœur dont
on l'a arraché comme une souillure.

Cependant, si l'homme a péché inconsciemment contre les lois de l'amour, il se peut
qu'il retrouve un jour ses aspirations primi-
tives ; mais, que d'efforts et de douleurs
alors, pour retracer au milieu des décombres
que la vie a amassés autour de nous, le
sentier qui mène aux sentiments véritables
et à l'existence normale !

Il n'est peut-être aucun domaine où le
mensonge soit de mise comme dans celui de
l'amour ; ce n'est qu'à son sujet que l'on
juge permis de dire ce que l'on ne sent ni
ne pense. Nous avons outragé l'amour par
nos sens, par notre raison, par notre conscience même ; et nous nous étonnons qu'après
avoir transgressé tant de fois la loi sacrée,
la vie soit devenue malsaine et douloureuse
infiniment.

Nous cherchons le bonheur partout, partout où il semble être et où il n'est pas,
partout, excepté dans la simple observation
des commandements divins qu'une sagesse
suprême a donnés aux hommes pour leur
bonheur. Car les lois humaines, hélas ! sont

bien impuissantes : il se commet autant de
crimes contre l'amour dans le mariage qu'en
dehors du mariage, avec cette différence
que le mensonge de l'amour dans le mariage est plus coupable, parce qu'il se passe
sous le manteau du devoir.

Il y aurait beaucoup à dire ici sur l'importance qu'on attache au respect d'un lien qui
n'est trop souvent que le résultat d'une
odieuse tromperie, ou qui, contracté par erreur, sur la base de sentiments sincères mais
instables peut-être, devient la prison où
s'éteignent toutes les énergies de la vie,
toutes les espérances du cœur.

Dieu avait certes en vue le bonheur et
le bien des hommes en leur conseillant de
s'unir dans le mariage, et la déviation de la
pensée divine et bienfaisante a, comme tous
les maux, sa source dans l'égoïsme humain.
Partout où l'égoïsme abdique, toute situation, même celle qui constitue une erreur,
devient possible, chaque chose reprend la
place qui lui revient. Le seul mariage vrai,
le seul juste, le seul utile, le seul suppor-
table est celui qui est basé sur le respect de
la liberté mutuelle. Aussi serait-il plus équitable d'établir le mariage non sur la pro-

messe, rarement praticable, d'un amour éternel, mais sur celle d'un perpétuel dévouement, qui va, quand il le faut, jusqu'au sacrifice même de l'amour. Ceux qui se marient, s'unissent pour être non une entrave, mais une aide l'un pour l'autre. Le but est toujours de rendre heureux, peu importe que ce soit par le don de soi ou par le renoncement.

Rien ne lie, sauf l'amour ; rien ne délie, sauf l'indifférence : ou bien l'on aime, et l'on est naturellement, inévitablement fidèle ; ou bien l'on n'aime pas, et l'on est naturellement, inévitablement infidèle, fût-on cloîtré ou exilé sur une île déserte. Car la fidélité est un état de l'âme, non une manifestation de nos actes. On ne peut pas plus exiger la fidélité que l'amour.

Si, au lieu d'enseigner à la jeunesse ce que le monde permet et défend, nous lui donnions le goût, le désir, la vénération de l'amour vrai auquel aspirent tous les cœurs purs, nos cours de morale deviendraient superflus, car c'est la contemplation et le respect du beau qui nous préservent du mal, bien plus que l'interdiction de ce qui est laid.

Il est vrai que tous ne sont pas à la hau-

teur de l'amour véritable ; mais à mesure que
nous nous élevons au-dessus de la matière,
qu'un être moral se dégage de notre être
physique, l'union des sexes doit prendre un
caractère différent, jusqu'à répondre, non
plus seulement aux désirs physiques, mais
aussi aux plus vastes aspirations de l'être
spirituel ; car tout comme les corps, les âmes,
ont un sexe et demandent à s'unir, pour se
compléter. L'amour n'est complet et ne
répond à la pensée de Dieu que lorsque ces
trois agents de la vie : le corps, l'intelligence
et l'âme y participent. Pour celui qui l'a
reconnu et compris dans sa vérité, il est non
seulement défendu mais impossible de s'abandonner au seul instinct animal.

Il est probable que si, dans l'organisation
de nos existences et dans nos luttes pour le
progrès, nous faisions une part plus grande
aux droits de l'amour, les hommes, en de-
venant plus heureux, plus saints et meilleurs,
mettraient au monde une génération nouvelle d'êtres forts et pensants.

J'ai parlé de l'intérêt dicté par la raison
et de la légèreté dans la vie des sens comme

des plus redoutables ennemis de l'amour ; il
en est un autre : la fausse morale.

Si la vie des sens doit être non le but,
mais la conséquence de l'amour, il est
absurde de la considérer comme une déchéance. Tout don sincère est sacré, et le
baiser qui unit les lèvres est aussi pur que le
rêve où communient les âmes, pourvu que
leur union soit sanctifiée, non par l'autorité
des lois humaines, mais par le droit d'une
conscience sans fraude. Aucune considéra-
tion religieuse ou sociale ne peut prévaloir
contre l'amour, qui réalise à lui seul toutes
les lois divines et humaines.

La vie des sens est légitime chaque fois
qu'elle répond à un sentiment naturel et vrai,
et c'est à tort qu'on lui attribue des désastres
qui ne sont dus qu'à l'égoïsme. Elle devrait
se justifier même aux yeux des ascètes par
le fait qu'elle participe à la vie morale et
contribue à son évolution.

En effet notre développement intellectuel,
artistique et psychique ne dépend-il pas en
grande partie de notre vie sentimentale, et
notre vie sentimentale de nos élans passion-
nels ? Privé du stimulant de ce coup de
fouet, certains êtres doués d'une grande vi-

talité, verraient infailliblement leur âme s'engourdir, et perdraient peu à peu avec l'espoir du bonheur et de l'amour, le goût de vivre et de grandir. Tout ce qui chez eux tend à réduire la vie des sens réduit du même coup, celle de l'âme (1).

Voulons-nous grandir, il nous faut aimer ; car seul l'être élu sera capable d'éveiller en nous le dieu qui sommeille. L'âme féminine aspire à la force, à l'ampleur, à l'indépendance viriles, tandis que l'âme masculine demande, pour s'harmoniser, le concours des affinités mystiques et psychiques de la femme. La nature leur a assigné un but suprême : « grandir » ; incapables de l'atteindre seules, elles sont pour ainsi dire contraintes à s'appuyer l'une sur l'autre. Cette nécessité se manifeste à des degrés différents, suivant les individus : il est des âmes complexes qui possèdent à elles seules toutes les qualités masculines et féminines nécessaires à leur évolution ; mais plus le sexe d'une âme est accusé, plus elle aura besoin, pour se développer de s'unir à une

(1) Voir JEANNE DE VIETINGHOFF, *la Liberté Intérieure*, chap. « Le Corps ».

autre âme. Certains hommes, certaines
femmes, auraient pu devenir des génies ou des
saints, s'ils avaient rencontré l'âme destinée
à compléter leur être. Faute de cette union,
leurs énergies restent tristement engourdies.
D'autres, plus fortunés et souvent moins
doués, ne doivent leur victoire intellectuelle
ou morale qu'à la rencontre de l'âme d'élec-
tion qui a su évoquer la leur.

Aussi l'âme qui n'a pas encore trouvé son
complément le poursuit-elle d'instinct et
sans relâche. Dans la jeunesse elle le demande à la passion.

Voilà pourquoi l'amour, simple accident
pour tant de gens, est pour d'autres la vie
même. Ils ne peuvent concevoir la beauté,
saisir la vérité, ni réaliser la grandeur qu'à
travers l'amour. Dans leur solitude ces âmes
sont privées de lumière ; unies, elles deviennent voyantes.

Si l'homme était suffisamment spiritualisé
pour vivre d'une amitié idéale, le but serait
atteint, et l'on pourrait, sans crainte d'entraver son développement, donner raison à la
rigidité des conceptions ascétiques, aux adorateurs stériles de la chasteté ! Mais tant que
nous serons emprisonnés dans un corps,

nous devrons accepter les conséquences de
ce fait et ne pas décourager les bonnes vo-
lontés par un idéal artificiel.

Tout comme le mariage l'amour libre
s'impose ; il a sa raison d'être dans l'organisation sociale et concourt au développement
de l'individu, à condition toutefois qu'il soit
une recherche non de l'égoïsme, mais de
l'idéal. Pourvu que l'amour qui vient à nous
soit véritable, quelle que soit la forme sous
laquelle il se présente, il remplit sa mission
en nous inspirant les sentiments les plus élevés dont nous soyons capables.

Pourquoi attacher l'idée de toutes les vertus à une condition, celle de tous les vices
à l'autre ? Pourquoi l'amour libre, plus que
le mariage, engendrerait-il chez la femme
un manque de pudeur, de délicatesse, de
dignité ; chez l'homme un manque d'austérité, d'énergie et d'indépendance ? Ne reste-
t-on pas toujours ce que l'on est ; dans quelque situation que l'on se trouve ? Certaines
femmes admirables et très pures vivent en
dehors des lois morales, comme d'autres,
vivent sans vertu, dans les limites les plus
strictes de ces mêmes lois. C'est nous qui
faisons nos circonstances, ce ne sont pas les

circonstances qui nous font, et nos actes ne dépendent-ils pas du mobile qui a précédé nos pensées ; or ce mobile ne peut osciller qu'entre deux pôles : Dieu ou nous-mêmes, l'amour du vrai ou notre intérêt.

Dans la question de l'amour, comme dans toute autre question morale, la vérité varie suivant le cas et l'individu. Cependant je n'entends pas par « amour libre » la sanction de la légèreté, de l'inconstance et de l'égoïsme, le sacrifice du devoir au plaisir, ni le droit de tromper, mais la liberté de se reprendre quand le lien extérieur n'est plus qu'une profanation du trésor intérieur de l'amour, et la liberté d'aimer et de se donner en dehors de la loi quand la conscience l'approuve.

Ici comme partout, il y a des exceptions, des mariages qui ne comptent pas, parce qu'ils ne sont qu'une forme conventionnelle. Deux êtres par exemple peuvent s'unir, par erreur, dans un but étranger à l'amour, et une fois leur faute reconnue, d'un commun accord se rendre la liberté, parce que leur union était un mensonge qui ne peut être voulu de Dieu. Ce divorce moral ne les libérera-t-il pas autant qu'un divorce officiel,

alors même que, pour une raison quelconque
(l'éducation des enfants peut-être), ils jugent
nécessaire de rester unis extérieurement et
amicalement? D'autres mariages se font par
abus de confiance, dans le seul but de s'as-
surer une fortune ou une position. La victime de cette supercherie sera-t-elle obligée,
si elle n'obtient pas le divorce, d'expier ce
moment de foi trop naïve par le long mar-
tyre d'une vie sans espoir et sans amour?

Il est dans la vie des choses qu'il ne faut
pas accepter, parce qu'elles dépassent les
forces humaines. Les mariages sacrilèges,
si répandus de nos jours, offrent sans contre-
dit le spectacle des pires souffrances, souffrances qu'il faudrait parvenir à soulager,
et auxquelles il est certes une issue possible
en dehors de tout égoïsme et dans la plus
stricte fidélité à la conscience éclairée.

On parle beaucoup actuellement du développement de la femme, mais ce développement n'est possible que sur la base de la
réalité, par le contact avec la vie et l'affranchissement de toute idée conventionnelle. Ce
n'est pas en rêvant, en pensant, en imagi-
nant la vie, mais en la vivant qu'on parvient
à la connaître, et c'est aux heurts de la

réalité que nous éprouvons nos qualités.

Je crois que beaucoup d'œuvres de protection de la jeune fille et de défense de la femme deviendraient inutiles, si, d'emblée, l'éducation de la femme se faisait dans la vie et par la vie. Réduite à se mouvoir dans une région si artificielle et si limitée, la femme, et surtout la femme d'une classe élevée, se trouve dans l'impossibilité de développer sa personnalité et d'acquérir les moyens de la faire respecter. Ignorante du monde qui l'entoure, de celui qu'elle porte en elle et qu'elle n'a jamais appris ni à discerner ni à gouverner, elle est, à son entrée dans l'existence, à la merci de tous les dangers. Pour connaître la vie, il n'est pas nécessaire de côtoyer le vice, mais simplement d'ouvrir les yeux, pour voir ce qui se passe et juger ce qu'il convient de prendre ou de laisser, de poursuivre ou d'éviter.

Tant que la femme mènera une vie factice elle restera un être incomplet, mais dès qu'elle vivra de la vie naturelle et réelle dans ce qu'elle a encore de beau, de bon et de vrai, elle atteindra toute sa stature et deviendra un instrument utile à l'évolution de l'humanité. Plus encore que l'homme, elle qui est

destinée à élever des hommes pour la vie, doit
la connaître afin de pouvoir être non seulement la nourrice et la servante, mais l'amie
et la conseillère de ses enfants. Car l'expérience seule est capable d'influencer. Le
fils le plus dévoué qui sent que sa mère
ignore la vie ne pourra suivre des avis qu'il
jugera avec raison artificiels et sans valeur. Il la soupçonnera forcément de lui enseigner la vertu pour obéir à l'usage ou par
devoir, et pensera malgré lui : « Sait-elle ce
que je sais, a-t-elle vu ce que je vois, a-t-
elle lutté comme je lutte ? » Il suivra de
préférence les conseils des camarades de son
âge qui n'ont guère plus de sagesse que lui,
mais qui eux au moins comprennent ses
aspirations et savent ce qui se passe.

L'ignorance de la vie dans laquelle la
femme est volontairement maintenue, sous
prétexte de préserver sa chasteté, mais en
réalité pour lui laisser, par égoïsme, ce qui fait
aux yeux de certains hommes son charme
essentiel, est la principale cause non seulement de son malheur, mais de son manque de
pureté véritable, car la pureté, comme toutes
les vertus, ne s'acquiert que par la lutte. Certains êtres sont plus purs que d'autres, parce

que, ayant été aux prises avec le mal, ils
ont souffert davantage pour le bien. Une vie
vraiment pure est celle qui, sans avoir rien
ignoré de la réalité, a su s'élever au-dessus
d'elle.

☙

Si l'amour, qui fut donné à l'homme pour
son bonheur, est devenu trop souvent la
cause de son malheur, ce n'est pas l'amour
qu'il en faut accuser mais la déviation de
cet amour. Entre l'homme et la femme qui
s'aiment il règne presque toujours un malentendu qu' provient de l'ignorance où ils sont
de leurs aspirations mutuelles, et c'est ce
malentendu qui finit par les séparer.

Je ne parle pas ici de l'amour vulgaire qui
ne cherche que sa propre satisfaction, mais
de l'amour véritable qui, même lorsqu'il se
préoccupe du bonheur de l'être aimé, n'abou-
tit trop souvent qu'à le faire souffrir.

Dans l'amour, l'homme a le tort de ne pas
se préoccuper suffisamment de comprendre
l'âme de la femme ; il recherche en elle le
mystère qui caresse sa volupté plus que
l'intelligence qui l'aurait rendu capable de
satisfaire son cœur. Ou il fait de la femme

un objet de plaisir et foule aux pieds, en s'en
privant lui-même, ce qu'elle avait de meilleur
à donner; ou il l'adore comme une déesse,
et lui demande d'étancher sa soif d'infini.
Incapable de rassasier son âme, elle ne peut
se contenter de satisfaire ses seuls appétits;
mais ce que l'homme oublie presque toujours, c'est que la femme est un être humain et qu'étant animée des mêmes sentiments, en butte aux mêmes difficultés que
lui, elle a droit aux mêmes conditions de vie,
et ne peut remplir sa mission que si l'on
reconnaît et fait appel à ce qu'elle est véritablement. Si de nos jours la femme s'est
vue forcée de chercher dans l'activité pu-
blique l'emploi de facultés souvent étrangères à sa nature, c'est parce qu'elle ne
peut plus consacrer à l'homme ses plus
nobles qualités naturelles ; elle a dû devenir
moins femme, parce que ce qui était fémi-
nin en elle n'a pas été compris. L'homme
cherche dans l'amour le repos, la distraction;
la femme y cherche le développement de son
être.

Le tort de la femme, dans l'amour, est de
vouloir captiver l'homme, égoïsme aussi,
bien que différent de l'égoïsme masculin.

Elle croit que l'amour qui lui suffit doit
également suffire à l'homme ; elle essaye
ainsi de le réduire à sa propre mesure, ou-
bliant de respecter en lui les aspirations
étrangères et supérieures à l'amour, et de lui
reconnaître le droit de les satisfaire. Elle
manque de simplicité et de droiture, ou de
dignité et de possession de soi, en ne dis-
cernant pas le moment où elle doit cesser
d'être femme, pour devenir amie.

Ainsi l'ignorance de l'homme a privé la
femme de ce qu'il y a de meilleur dans
l'amour ; et la mesquinerie de la femme en
a éloigné l'homme ; en s'obstinant à le vouloir esclave, elle l'a incité à chercher sa libé-
ration dans le plaisir.

Si l'homme apprenait à « mieux comprendre » l'amour et la femme à en « moins
dépendre », la loi de Dieu, qui a créé l'homme
et la femme pour qu'ils se complètent, s'ac-
complirait. Car aucune science, aucune ambi-
tion, aucune jouissance, ne peuvent rempla-
cer le merveilleux épanouissement que donne
à l'âme l'amour véritable.

LA GRACE ET L'INSPIRATION

LA GRACE ET L'INSPIRATION

La grâce est au croyant ce que l'inspiration est à l'artiste; c'est une force étrangère qui, ajoutée momentanément à notre nature, la rend capable de ce qui jusqu'alors lui était impossible. Dès que ce souffle divin nous touche, nous devenons l'instrument d'une puissance surhumaine qui dispose de nous en vue d'une fin inconnue et infiniment supérieure à notre entendement.

On a attribué l'intervention de la grâce au degré de notre piété, comme celle de l'inspiration à certaines dispositions physiques, pro-

voquées par l'emploi de l'alcool, la position
du corps, l'influence atmosphérique; mais en
réalité, elle visite les individualités les plus
différentes, indépendamment de leurs capacités et de leurs mérites. Comme il y a des
criminels qui, au moment de lever leur poi-
gnard, ont entrevu soudain l'horreur de leur
action, et des êtres doués de peu de talent,
qui, sous l'empire d'une impulsion lumineuse,
ont pu faire des chefs-d'œuvre, il y a des
saints qui furent toujours privés des joies de
l'Esprit, et des génies qui ne sont jamais
parvenus à fixer leur vision.

Il semble ici, comme en toute chose, que Dieu
ait voulu distinguer le salaire du don gratuit,
afin que l'humain reste à jamais dépendant
du divin et soit préservé de l'esprit merce-
naire comme de toute velléité d'orgueil. Il
est juste que dans l'état encore incomplet de
notre développement, nous soyons soumis à
des lois que nous devons accepter sans les
comprendre. Les plus avancés sentent que la
beauté suprême réside précisément dans
l'inexplicable, et que le plus noble mouvement de l'homme est l'acte de foi par lequel
il accepte ce mystère.

LE DÉTACHEMENT

LE DÉTACHEMENT

A mesure que nous avançons dans la vie, que nous comprenons mieux l'insuffisance des choses les meilleures pour rassasier les ardeurs de notre âme, nous devenons plus indifférents aux biens de ce monde; nous les poursuivons d'un pas plus ralenti, nous souffrons moins et moins longtemps de leur perte; certaines émotions se sont émoussées, nous nous sentons vieillis. Y a-t-il diminution? Non, sans doute; mais un simple déplacement de la vie, qui veut monter plus haut. En effet, je désire moins l'o bjet

de mes rêves, lorsque je découvre un objet
qui lui est supérieur, cet autre objet dût-il
me causer moins de transports par le fait
qu'il est invisible et indéfinissable ; mais
être plus calme n'est pas être moins vivant ;
il y a dans la tranquillité du sage qui contemple la vie dont il ne dépend plus, autant
d'ardeur et d'espérance que dans la passion
fougueuse de l'adolescent.

Nos vains efforts vers l'objet désiré ont
épuisé nos forces, mais ils ont augmenté
notre valeur ; nous sentons moins la nécessité d'un bonheur personnel, et nous comprenons mieux le bonheur désintéressé que
donne à l'âme tout ce qui est beau, bon et
vrai sur la terre.

Nous désirons toujours le bonheur visible,
mais nous savons l'attendre sans inquiétude,
parce que l'idéal supérieur, qui s'est formé
en nous, nous a appris à n'en plus dépendre.
Se détacher, ce n'est pas devenir moins capable d'aimer, mais bien renoncer à aimer
ce qui n'en vaut pas la peine. Le détachement
de parti pris est une erreur : on ne se détache pas par la volonté ; au contraire, plus on
veut renoncer à une chose, plus on y tient.
Le détachement voulu n'est qu'un mensonge

envers soi-même dont, tôt ou tard, la nature
trahie se vengera. Il n'y a d'efficace que le
détachement naturel, qui est le produit logique de nos expériences. Ce détachement
graduel ne risque jamais de briser nos forces
vitales, parce qu'il est proportionné à nos
progrès spirituels.

❦

Nous ne devons jamais aller à l'encontre
des événements avec des idées toutes faites,
mais laisser au contraire les événements venir à nous pour nous instruire de la vérité.
Ce n'est pas avant, mais après avoir éprouvé
les choses que nous pouvons en juger. Ceux
qui s'enferment sous la cuirasse de leurs
principes sont incapables de progrès, car la
vérité n'est pas dans le précepte, mais dans
l'expérience. Plus nous nous serons assou-
plis sous la main du destin, plus parfaite sera
la forme que pourra nous imposer le mystérieux sculpteur.

❦

Rien ne sert de dire à un être jeune, épris
de la vie, que les biens de la terre sont incapables de rassasier son cœur ; il ne vous croira

pas. Peut-être ne doit-il pas vous croire, car
il se mentirait à lui-même en acceptant une
vérité avant de l'avoir éprouvée. Il est au
contraire désirable que tous puissent goûter
aux biens de la terre, même au risque d'une
diminution momentanée, ne fût-ce que pour
se convaincre de leur insuffisance; car ce
n'est qu'alors qu'ils pourront se donner à
l'invisible, d'un cœur entier et sans regret.

Aussi ne faut-il pas trop encourager la
pratique de la spiritualité chez les êtres
jeunes, et combien restent à l'état d'enfance
plus de la moitié de leur vie! Il suffit de faire
vivre sous leurs yeux les réalités spirituelles,
afin qu'ils puissent boire à cette coupe divine
quand l'heure aura sonné pour eux.

Gardons-nous de vouloir forcer la nature;
c'est elle qui est sage, au contraire, et qui
règle d'elle-même tout le cours de notre développement. A moins de dispositions ma-
ladives ou dangereuses au repos public, on
peut sans crainte livrer un être à sa nature : elle le mènera, à travers beaucoup
d'écueils peut-être, mais avec sûreté, vers le
but que le destin lui a assigné. Notre zèle
est presque toujours maladroit; en voulant
redresser, il s'oppose à une expérience que

chacun doit faire soi-même, tôt ou tard, sous peine de n'arriver jamais à sa pleine stature morale.

❦

Le dernier lien dont se libère la femme est la passion, parce que sa fausse position dans la vie la prive souvent du contact direct avec cette puissance. Nos pires ennemis sont ceux que nous ne pouvons jamais combattre face à face, parce qu'ils se dérobent à nous sous le voile du rêve.

On renonce facilement à ce que l'on a eu, mais on reste attaché à ce dont on a été privé. La nature sent d'instinct qu'elle ne peut être complète qu'à condition d'avoir exercé toutes les possibilités qui sont en elle, possibilités si diverses et si vastes qu'une seule existence semble bien insuffisante à leur développement unanime.

❦

Le détachement provient souvent d'une défaite de la vie; l'indépendance est toujours une victoire sur la vie.

Bonheur ! Amour ! Idéal ! Patrie ! Tout ce que notre âme a voulu, tout ce que la vie nous a refusé ! C'est pour vous entrevoir que nous avons franchi les pentes arides. et pour vous atteindre, que nous avons enduré l'intempérie des jours ! C'est parce que nous avons cru que vous étiez cachés dans le grand inconnu, comme nous vous sentions vivre dans nos cœurs, que nous avons eu la force d'avancer jusqu'à cette heure.

Bonheur ! Amour ! Patrie ! Nous ne vous posséderons jamais; mais de loin, de bien loin, nous vous voyons encore. Quand l'heure du soir sera venue et qu'assis au seuil de notre demeure dévastée, nous comprendrons enfin que la plus grande félicité de la terre ne mène qu'à la frontière du ciel, et qu'il faudra mourir sans avoir cueilli la fleur de Chanaan, alors, à travers nos larmes, nous sourirons doucement; nous saurons que le but est atteint. Car le but n'était pas que nos mains parvinssent à saisir, mais que nos yeux apprissent à voir.

LA FORCE TRANQUILLE

LA FORCE TRANQUILLE

———

Dès que quelques rayons éclairent la forêt, nous comprenons sa merveilleuse beauté, et il faut à notre âme des émotions, des élans et des joies, pour croire à son immortelle grandeur; mais viennent le silence et la nuit, il nous semble aussitôt que tout devenir s'arrête.

Cependant est-ce bien à ces conquêtes de nos pensées et de notre foi que nous devons le progrès? N'y a-t-il pas au fond de notre être une force plus réelle et plus stable qui constitue notre vraie grandeur et dont seule nous dépendons?

Sa présence en nous est un mystère, nous en sentons les effets, mais nous ne savons d'où elle vient, ni comment elle subsiste en nous. Appelée par notre volonté, elle échappe à notre action et vit en dehors du cercle de nos émotions. On dirait qu'elle est d'une autre nature et prend sa source ailleurs. Accumulée par notre effort, comme s'accumulent au fond des mers les grains de sable qui forment les roches séculaires, nous savons qu'elle ne vient pas de nous, et si nous comptons sur elle, c'est parce que nous croyons à une suprême justice.

À l'heure où notre conscience se trouble, invisible gardienne, elle attend ; si notre pas dévie, elle sourit ; au moment où notre courage trahit, elle soutient ; il semble que tout ce qui se passe dans notre être conscient lui soit bien peu de chose, et la regarde à peine ; c'est le souffle du vent qui agite la surface des eaux et n'en trouble point le courant.

Cette force nouvelle repose en nous comme une valeur acquise, dont une voix secrète nous garantit la puissance et la durée. Indépendante de nos mouvements, toute notre vie dépend d'elle, car c'est elle qui, à travers nos victoires et nos défaites, ne cesse de nous porter en avant ; et c'est sans doute parce que, inconsciemment, nous comptons sur ce capital mystérieux, qu'au sein des plus complètes faillites nous n'abdiquons pas, et qu'à l'épuisement de toutes nos forces nous marchons quand même.

Cette force qui ne peut naître de notre volonté a cependant besoin de notre effort.

Comme il y a des péchés qui n'altèrent pas la grandeur de notre âme, il y a des vertus très sincères qui n'augmentent pas notre valeur réelle.

Pour que nos vertus puissent devenir immortelles et ajouter un rayon à notre auréole divine, il faut que l'effort qui les a produites émane des profondeurs tragiques de notre être.

Notre vie intérieure est faite de régions diverses : il en est d'une grandeur émouvante, il en est d'un calme souriant ; mais la plupart des hommes craignent de s'aventurer aux abords sinistres des abîmes ou de se perdre dans les solitudes des sommets, et ils promènent sans cesse leurs émo-

tions le long des chemins unis, à travers
les sites connus. Ceux-là ne connaîtront
jamais la force immortelle, car rien ne parvient à la vie qui n'ait auparavant passé par
la mort.

Notre âme devient semblable à ce qu'elle
regarde, et c'est lorsqu'à une heure décisive
elle a osé contempler ce qui était plus grand
qu'elle, qu'elle aussi a grandi en proportion
de ce qu'elle a vu.

Aussi n'est-ce que dans les régions du
tragique, du solennel, du grandiose et du
merveilleux que nous pouvons acquérir ces
qualités surhumaines qui nous élèvent au-
dessus de tout ce qui passe.

La force tranquille nous rend indépendants des choses de la vie, en nous donnant
le pouvoir de distinguer et de séparer notre
« moi supérieur » de notre « moi inférieur ».
Tout en restant, par notre être émotif, à la
merci des événements, nous trouvons dans
notre être immortel un abri qui nous met hors
de leur portée.

Il se fait alors comme un dédoublement de
notre personne, qui, d'une part, se tord dans

les affres de la réalité, d'autre part s'en détache et les domine du haut d'une sphère de
réalité supérieure. Nous souffrons toujours,
mais ce qui souffre en nous est moins vraiment nous. Il semble qu'éloigné de la mêlée,
ce meilleur de nous-mêmes ne prenne plus
une part aussi vive aux vicissitudes de son
frère malheureux : ses cris lui causent moins
d'angoisses, ses défaites ne le désespèrent
plus ; certes il voudrait encore le voir souriant, mais comme on souhaite le bonheur à
un indifférent, alors que votre propre intérêt
n'est plus en jeu. Peu lui importe après
tout que son moi inférieur sorte vainqueur
ou vaincu de cette étrange crise que l'on
nomme la vie, car que peut-il arriver de
vraiment tragique à un être dont l'anéantissement est passager et le triomphe éphémère ?

Demeurant dans la vie, nous avons à tout
moment le pouvoir de la rendre objective ;
indépendants d'elle, nous pouvons être forts.

Cette force nous rend maîtres des événements.

Le faible fuit les puissances qui l'entourent et reste éternellement sous leur pouvoir; le fort, au contraire, les laisse venir à lui dans toute leur violence, au risque d'en être broyé, et les combat, corps à corps, dans une lutte loyale et décisive, car nous ne pouvons devenir indépendants que des choses dont nous avons dépendu, et maîtres que de celles que nous avons vaincues.

Libre de toute dépendance terrestre, nous devenons capables d'évaluer les biens de ce monde à leur juste prix. En ne vivant pas de ces biens, nous ne subissons plus les conditions que la fatalité nous impose, et nous choisissons celles qui conviennent à notre être véritable.

Capable d'endurer...

La plus grande force de l'homme n'est pas celle qui sait vaincre, mais celle qui sait endurer; le vrai héros n'est pas celui qui agite en triomphe le drapeau de la victoire, mais celui qui supporte, en souffrant, le dépouillement de la défaite, car il importe moins de renverser les obstacles du dehors que de surmonter, d'une façon continue, ceux qui sont en nous.

Cette force qui lutte pas à pas, obstiné-
ment, jusqu'à l'épuisement ; qui lutte sans
en demander la raison, sans en attendre la
récompense ; qui lutte pour lutter, par nécessité, par devoir, par habitude peut-être, et
que l'on nomme endurance, est le signe, chez
l'homme, de la suprême victoire.

Les faibles se résignent, les superficiels
se consolent, ceux qui ne sont pas droits se
leurrent et trouvent ainsi un remède à leurs
maux ; ceux-là, seuls, qui ont le courage de
soutenir leur protestation souffrent toujours,
et cette souffrance est leur sanction. Ainsi la
continuité de la douleur, considérée trop
souvent comme un châtiment ou une faiblesse, peut résulter d'une haute valeur et
témoigner de la plus grande force.

Il se peut que je ne sente plus en moi le
courage de tendre la main à mon frère, ni
même de faire un pas de plus dans la vie ; si
la force est en moi, elle donnera à mon infir-
mité un tel pouvoir que mon frère, pour
m'avoir côtoyé, s'en ira fortifié, et moi-même,
malgré mon impuissance apparente, je ne
cesserai de m'acheminer vers le sommet.

Celui qui est fort ne déçoit plus ses frères; fidèle envers lui-même, il peut être fidèle envers les autres. Sa conduite sera toujours conséquente, car tout ce qui procédera de lui, sentiments, paroles, actions, émanera du centre immuable de sa vraie personnalité. Il pourra jouir de la tranquille assurance d'une valeur acquise, de la certitude profonde d'un inébranlable devenir et de la douce quiétude d'une conscience apaisée.

LA CERTITUDE

LA CERTITUDE

Plus d'oppression sous le joug d'une loi
négative, plus de labeur incessant vers un
idéal artificiel ; le renoncement a fait place
à la vie, l'abandon confiant au libre devenir
résume toute la loi. Le germe divin est
éclos et sa présence a transformé toute chose.
Vibrer, acquiescer, s'épanouir, tel est le nouveau devoir ; se donner comme on est, laisser
venir à soi les choses comme elles sont, vivre
du moment et puiser dans chaque moment
tout ce qu'il peut contenir de vrai, de beau,
de bon, sans calcul, sans arrière-pensée, sans

vain scrupule, dans la naïveté de son désir
de vivre, dans la pureté de son cœur d'enfant ; pouvoir être soi, oser être heureux, et
laisser son âme enfin épanouie, monter vers
Dieu, en une adoration naturelle et spontanée.

Ne plus vouloir, car vouloir c'est imposer
sa direction au destin, se laisser aller où il
nous mène, ses voies fussent-elles contraires
à nos désirs ; car la vie est partout, le bon
heur est en tout, c'est nous qui les créons.

Dépasser la zone des inquiétudes et la maladie des scrupules ; être capable de tout
affronter, libre de tout accepter ; croire en son
cœur, et se donner comme le cœur nous en
dit, car le cœur sincère est pur.

Celui qui a compris ces choses ne vit plus
de la satisfaction d'un devoir accompli ou
de l'espoir incertain d'un rêve à venir, mais
de la valeur immortelle de ses expériences
intimes. Le devenir de sa véritable humanité,
auquel il assiste comme au déroulement d'une
scène miraculeuse, lui procure des émotions
intenses ; c'est un intérêt croissant qu'il porte
partout avec soi, et qui se renouvelle et se
complète à chaque contact de la vie. Aussi
son existence ne sera-t-elle plus jamais dé-
pourvue d'héroïsme, ni son âme privée de

sentiments nobles, car c'est dans l'infini que vibreront ses émotions et sur la scène de l'éternité que s'accompliront les aventures de sa vie.

🙢

Le sage est celui qui tire sa vérité de son âme et qui n'a plus besoin, pour la suivre, de l'approbation d'un ordre établi, ni, pour croire en Dieu, qu'on Le lui montre sous une forme toute faite. Il respecte toute chose, parce qu'il connaît l'étendue de la vérité, mais il reste lui-même, parce qu'il croit à la nécessité de sa voix comme à l'utilité de celle des autres.

Le sage ne cherche plus l'appui des hommes ; il sait que leur amour est une faveur accidentelle sur laquelle il ne faut pas compter, et qu'une heure de recueillement vaut leurs meilleurs conseils. Comme un roi dans son royaume, il marche seul dans sa force, seul mais uni à tout ce qui est grand, beau et vrai dans l'univers.

Le sage ne se préoccupe plus de donner, il ne demande qu'à « être », sachant que les fruits qu'il portera seront toujours proportionnés à sa valeur, et que personne ne peut remplir d'huile la lampe de son frère.

Désirs, regrets, joies, douleurs, pourquoi vous craindrait-il ? N'est-ce pas vous qui, en agitant son âme, la faites vivre ? Au-dessus de tout mouvement il y a la contemplation, l'assurance immortelle, l'au-delà du bien et du mal, l'infini, la patrie toujours stable.

Le sage est celui qui sait jouir de tout et qui n'a besoin de rien, qui sait tout perdre et rester riche « sans rien ». La terre pour lui garde toute sa beauté, mais elle est belle surtout par la façon dont il a appris à la regarder. Le ciel est toujours désirable, mais il lui importe moins d'en jouir que de savoir qu'il en est digne, alors même qu'il ne l'obtiendrait jamais. Il a su créer en lui tout ce dont il avait besoin, tout ce qu'il avait vainement cherché au dehors. Il peut dire au rayon qui croise sa route : « Quand tu passes, ta lumière ranime mon foyer ; quand tu as passé, l'ombre que tu laisses n'éteint aucune de ses clartés. Quand j'étais jeune je vivais de ce qui enivre, je mourais de ce qui ennuie; maintenant que je suis sage je ne vis plus de ce que je sens, mais je vis de ce que je sais « être », et la beauté, le bonheur et l'amour n'ont plus besoin de frapper à ma porte pour me dire d'être heureux. Il me suffit de savoir qu'ils passent parfois sur la route, même quand je n'y suis pas, ou qu'ils siègent là-bas sur la montagne dont je connais le chemin. »

Le ciel, pour le sage, n'est pas une récompense à venir, mais l'affranchissement de l'âme souveraine qui sait dominer toutes choses, comme la voûte d'azur plane sur les aspérités de la terre. Le sage est bon envers tous les hommes ; il ne craint plus leurs armes, il comprend tous leurs maux. Seuls le sage et le petit enfant peuvent impunément sourire aux rayonnements de la vie : l'un parce qu'il ne sait rien, l'autre parce qu'il sait que tout n'est rien.

Le sage est celui qui vit parmi les hommes, mais qui a sa demeure sur la montagne, et cette demeure est inaccessible et immuable, comme les étoiles du firmament.

※

A ceux qui ont eu le courage de sacrifier leur bonheur, leur repos, leur idéal et leur religion pour obéir à la voix de Dieu en eux, alors même qu'ils seraient dans le dé-

sert, il reste une patrie; car ils ont senti
qu'au fond de ce néant une chose subsiste,
une chose plus réelle que leurs plus fermes
croyances, — leurs pieux espoirs; plus intime
que le secret de leurs pensées, — les batté-
ments de leur cœur; une chose plus merveilleuse que l'ivresse de leurs jeunes bonheurs;
une chose si vaste, qu'elle comprend toutes
leurs aspirations, si haute qu'aucun événe-
ment ne peut l'atteindre...

C'est un repos, un abri intérieur, un trésor toujours stable dont la présence, quand
nous en devenons conscients, inonde notre
âme de joie et la transporte au delà de toutes
les limites humaines dans l'infini, dans le
parfait...

C'est un temple immortel qui s'élève au
milieu de ce qui passe et qui demeure quand
rien n'est plus, qui nous garantit la durée
de ce que nous sommes et la plénitude de ce
que nous serons un jour!

Ce temple, ô mystère! ce sont nos souffrances qui en ont accumulé les pierres, mais
c'est un maître inconnu qui l'a érigé; ce
sont nos efforts qui en ont percé les murs,
mais c'est une main invisible qui y versa la
lumière; c'est notre foi qui en a gravi les

degrés, mais c'est un ange silencieux qui nous en a fait franchir le seuil.

Il est vrai, ô Dieu, que dans ce temple nous sommes des rois, mais notre couronne ne dépend que de Toi !

TABLE DES MATIÈRES

3987. — Tours, imprimerie E. Arrault et Cie.

LIBRAIRIE FISCHBACHER, 33, rue de Seine, PARIS

EN VENTE :

JEANNE DE VIETINGHOFF
LA LIBERTÉ INTÉRIEURE

Les Victoires. — La Liberté intérieure. — La Voix de l'âme.
— Les Lois profondes. — Impressions. — Portraits. — La Nature.
— L'Enfant — La Femme. — La Justice. — La Souffrance. —
L'Amour et le Bonheur — Le Corps. — Vivre noblement. — Le
Bien et le Mal. — Jésus. — La Volonté de Dieu. — Les Choses
ineffables. — Le Royaume mystique. — La Patrie.
3e édition. — Un volume in-12 . . . .   3 fr. 50

HENRI-FRÉDÉRIC AMIEL
FRAGMENTS D'UN JOURNAL INTIME
Précédés d'une Étude, par EDMOND SCHERER
12e édition. — Deux volumes in-12 . . . .   7 fr. 50

LE BRÉVIAIRE D'UN PANTHÉISTE
et le Pessimisme héroïque
par Jean LAHOR
2e édition. — Un volume in-18 . . . .   3 fr.

NOTES D'UN PESSIMISTE
par Edmond THIAUDIÈRE
9 volumes in-32 à 2 fr. 50 le volume

L'Obsession du Divin, 1898.   La Haine du Vice, 1903.
La Complainte de l'Etre, 1889.   La Réponse du Sphinx, 1905.
La Soif du Juste, 1895.   La Source du Bien, 1910.
La Fierté du Renoncement, 1901.   L'Ecole du Bonisme, 1911.
La Conquête de l'Infini, 1908.

L'ORGUEIL DE VIVRE
Citations extraites des Poètes et des Philosophes
par Georges HOUBRON
Un volume in-12 . . . .   3 fr.
TABLE : Les Droits de la vie. — Les Visions de l'intelligence.
— La Pensée. — La Vérité. — La Vie imaginaire. — L'Idéal. —
Le Mystère religieux. — Le Culte de la nature. — Le Beau dans
l'art et dans la vie. — Les Conquêtes de la volonté. — L'Homme
libre. — Nos Amies les passions.

SAGESSE ET VOLONTÉ
par Georges HOUBRON
Un volume in-12 . . . .   2 fr.
TABLE : Le Sage, la fortune et le destin. — Le Sage et la mort.
— La Vieillesse du Sage. — La Maladie. — La Disgrâce physique.
— Peines et regrets. — Vers la joie. — Autour du bonheur.

3987. — Tours, Imp. E. ARRAULT et Cie.

www.ingramcontent.com/pod-product-compliance
Lightning Source LLC
Chambersburg PA
CBHW061016280326
41935CB00009B/992